CATALOGUE

DE

MONNAIES ANTIQUES

ET DU

MOYEN AGE

RECUEILLIES EN ESPAGNE, DANS LES ILES BALÉARES, ET EN PORTUGAL

DE 1850 A 1854

PAR JOSEPH GAILLARD

*Membre de l'Académie d'Archéologie
de Madrid, de l'Institut Espagnol, des Sociétés Numismatiques
de Saragosse, de Séville, et de plusieurs autres Sociétés savantes de France
et de l'Étranger ; auteur de la* DESCRIPTION DU CABINET
MONÉTAIRE DE DON JOSÉ GARCIA DE LA TORRE

Cette collection se compose de Monnaies phéniciennes, celtibériennes, municipes et coloniales d'Espagne, dont un bon nombre sont inédites ; de Monnaies et Médaillons d'argent de la grande Grèce, des rois de Judée ; de Monnaies carthaginoises et des rois de Mauritanie ; de grands As romains d'ancienne fabrique trouvés en Espagne ; une série de Monnaies portugaises, depuis les temps les plus reculés jusqu'à nos jours ; des tiers de Sol d'or des rois wisigoths : Liuva, Leovigildus, Reccaredus, Witericus, Suinthila, Ervigius, Egica, Wittiza ; Six cents Monnaies arabes d'Espagne et d'Afrique, en or, argent et en bronze, frappées à Cordoue, Grenade, Malaga, Almeria, Séville, Saragosse, Badajoz, Zahra, Valence, Tolède, Mayorque, Dénia, Jativa, Murcie, Fez, Baëza, Ceuta, Tagdempt, Tanger, etc., etc.

*Dont la vente aux enchères publiques aura lieu, à Paris,
les Lundi 8, Mardi 9, Mercredi 10, Jeudi 11 et Vendredi 12 Janvier 1855,
heure de midi.*

HOTEL DES COMMISSAIRES-PRISEURS

Rue Drouot, n° 5, Salle n° 3, au premier étage

Par le ministère de Mᵉ DELBERGUE-CORMONT, Commissaire Priseur
rue de Provence, n° 8.

IL Y AURA CHAQUE JOUR, DE MIDI A UNE HEURE, EXPOSITION PUBLIQUE
DES MONNAIES A VENDRE DANS CHAQUE VACATION.

PARIS

IMPRIMERIE DE J. CLAYE

RUE SAINT-BENOIT, 7

1854

CONDITIONS DE LA VENTE

Elle sera faite au comptant.

Les acquéreurs paieront, en sus des adjudications, cinq pour cent, applicables aux frais.

———

Les Amateurs de la Province ou de l'Etranger qui n'assisteront pas à cette vente, pourront s'adresser à :

MM. Rollin, rue Vivienne, n° 12, à Paris;
    Soive, changeur, passage Vivienne, n° 32, à Paris;
    Hoffmann, rue Castiglione, n° 12, à Paris;
    Perrier, rue de Seine, n° 23 , à Paris;
    Charvet, rue Castiglione, n° 14, à Paris;
    Baur, rue d'Antin, n° 23, à Paris;
    Verreaux, rue Neuve-des-Petits-Champs; n° 39, à Paris;
    Escudier, rue du Bac, n° 92, à Paris;
    Bailly-Bailliére, Libraire, calle del Principe, à Madrid;
    Joseph Gaillard, rue de Vaugirard, n° 46, à Paris;

qui se chargent de remplir les commissions qui leur seront adressées pour cette vente.

———

Nota. Los compradores satisfaràn, sobre el precio de adjudicacion, un cinco por ciento, para cubrir los gastos.

Las abreviaciones y modulos son los mismos que en la escala numismatica de mi Descripcion del Gabinete monetario de D. José Garcia de la Torre, publicada en Madrid en 1852.

———

Ce Catalogue est en vente, au prix de 4 francs pour la France, et de 6 francs pour l'Étranger, chez MM. Rollin, Hoffmann et Joseph Gaillard, désignés ci-dessus.

MÉDAILLES ANTIQUES

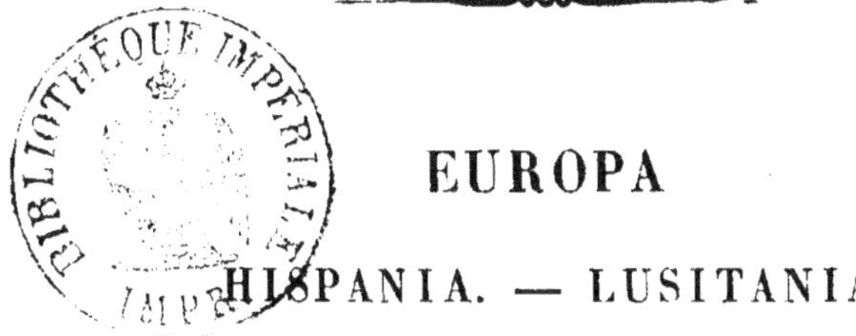

EUROPA

HISPANIA. — LUSITANIA

Amba (1) **Ambraz, Ambraca** (Plasencia).

1. Tête barbue entre un poisson et la légende n° 1 *bis* du tableau placé à
la fin de ce Catalogue. Rev. Cavalier la lance en arrêt : à l'exergue, la
légende n° 1. MB. B. C. Rare.
2. Tête à droite grossièrement figurée. Rev. AMBA entre deux épis.
(Florez, tom. III, tab. 67, n° 11.) MB. mod 9. M. C. (2).

Balsa (Tavira).

3. *m. bal. f.* Tête nue et imberbe à gauche. Rev. *m. q. f.* Taureau marchant à droite. PB. mod. 9. B. C.
4. Même tête à droite ; devant, quelques caractères inconnus. Rev. Taureau à droite surmonté d'un croissant Æ. 9. A. B. C. Trouvée à Béja.

Ebora (Evora em Alemtejo).

5. *perm. caes. aug. p. m.* Tête nue d'Auguste à gauche. Rev. *liberalita-
tis iuliae ebor.* dans une couronne de laurier. MB. mod. 11 (3). B. C.

Elbocoris (Evora de Alcobaça).

6. Tête à droite entre un poisson et le signe n° 1 *ter*. Rev. Cavalier la
lance en arrêt ; à l'exergue, la lég. n° 2. MB. Fleur de coin.

---

(1) Mariana, le meilleur historien de l'Espagne, écrivant avec les préjugés de son
époque, dit que su fundacion es antigua y era ya poblacion de grande importancia en la
España romana. Alfonso VIII reedifico esta ciudad en la frontera del reino, elevándola à
sede Episcopal y mudo su antiguo nombre de Ambraz, Ambraca, en el de Plasencia, *para
pronosticar que seria agradable y daria placer á los santos y a los hombres*. Il est plus
vraisemblable que ce nom d'Ambraz, Ambraca, d'origine grecque, a été remplacé par son
synonyme Dulcis Placidia, d'où provient celui actuel de Plasencia. Si cette attribution était
acceptée, on aurait alors l'explication des monnaies de Tolède avec la légende *cell. amb.
ex. s. c. tole.* qui indiquerait une alliance entre Celti (Puebla de los Infantes), Amba (Plasencia), et Toletum (Toledo). Voyez le n° 4·0 de ce catalogue.

(2) Une monnaie semblable, mais bien mieux conservée, existe dans le médaillier du
comte de Montenegro à Palma de Mayorque.

(3) Le module est indiqué d'après l'échelle numismatique placée à la fin des planches
de ma Description du Cabinet Monétaire de D. José Garcia de la Torre, qui contient également les termes et abréviations des métaux.

7. Même type de fabrication beaucoup plus barbare, avec une variante dans l'inscription. MB. R. C.

Merobriga et **Elbocoris** (Santiago de Cacem et Evora de Alcobaçà).

8. Tête à droite entre un poisson et la lég. nº **2** *bis*. Rev. Cav. la lance en arrêt ; à l'exergue, la légende nº 3. MB. B. C. Variété inédite (1).

Emerita (Merida).

9. *imp. caesar august.* Tête nue d'Auguste. Rev. *p. carisius leg. prop.* Porte de ville sur le fronton de laquelle on lit : *emerita.* Denier d'argent (**2**). T. B. C Rare.

10. Même tête. Rev. *p. carisius leg. prop.* Bouclier, lance et couteau de Victimaire. (Florez, tab. 1, nº 11.) Denier d'argent trouvé à Badajoz. T. B. C.

11. *divus augustus pater.* Tête laurée d'Auguste. Rev. *augusta emerita* écrit en deux lignes sur le fronton d'une porte de ville flanquée de deux tours avec meurtrières (3). Médaillon. Æ. 15. B. C. Très-rare.

12. *divus augustus pater.* Tête radiée d'Auguste ; devant, un foudre. Rev. *augusta emerita* sur le fronton d'une porte de vi le flanquée de deux tours avec clochetons. Médaillon. Æ. mod. 16. A. B. C. Très-rare.

13. *augusta emerita.* Tête à droite du fleuve Ana-, aujourd'hui Guadiana, jetant de l'eau par la bouche. (Florez, tab. 22, nº 9, pag. 398, attribue cette tête à Julie.) Rev. *perm caes. aug.* Colon conduisant deux bœufs. GB. mod. 13. B. C. Très-rare.

14. *permissu caesaris augusti.* Tête de Satyre de face. Rev. *augusta emerita.* Colon conduisant deux bœufs. MB. mod. 11. A. B. C.

15. *ti. caesar aug. pon. max. imp.* Tête laurée de Tibère. Rev. *aeternitati augustae. c. a. e.* Temple d'Auguste à Mérida. MB. B. C. Deux pièces variées.

16. *divus aug. pater. c. a. e.* Tête radiée d'Auguste. Rev. *per. aug. providen.* Autel. MB. B. C. Deux pièces avec légendes variées.

17. *divus augustus pater.* Tête laurée d'Auguste. Rev. *col. augusta emerita* Enceinte fortifiée. GB. mod. 13. B. C.

18. *ti. caesar augustus pon. max. imp.* Tête laurée de Tibère. Rev. *col. augusta emerita.* Enceinte fortifiée. Deux pièces variées. MB. B. C.

19. *caesar augus. tribun. potes.* Tête nue d'Auguste à gauche. Rev. *p. carisius leg augusti* en trois lignes. MB. B. C.

20. Autre avec *caesar aug. trib. potes.* Tête d'Auguste à droite. Même revers. MB. B. C.

21. *iulia augusta c. a. e.* Tête de Julie femme de Tibère. Rev. *ti. caesar augustus pon. max. imp.* Tête laurée de Tibère. (Florez, tab. 23, nº 5.) MB. Très-oxydé. Rare.

22. *augusta emerita.* Tête de Livie femme d'Auguste. Rev. *perm. caes. aug.* Colon conduisant deux bœufs. (Florez, tab. 53, nº 3.) MB. M. C.

---

(1) Cette monnaie et les deux précédentes ont été choisies parmi quelques autres trouvées dans une forêt de sapins près d'Evora de Alcobaça, que les Romains appelèrent Eburobritium et qui vraisemblablement avant cette époque était une ville celtiberienne connue sous le nom d'Elbocoris ; c'est aujourd'hui une petite ville située sur un cours d'eau près de l'Océan, Comarca (district) de Leiria, dans l'Estramadure portug ise. Santiago de Cacem est une ville de la Comarca d'Ourique, avec un petit port sur le lac de Pira, près de l'Océan, dans la province d'Algarve ; elle est bâtie tout près des ruines de Merobriga, ainsi que le prouvent quelques inscriptions et les nombreuses antiquités qui y ont été découvertes.

(2) Frappé vers l'an 732 de Rome, 22 ans avant J.-C., Publius Carisius étant Legat propréteur à Me ida.

(3) Le médaillon et les suivants sont des variétés de celui dessiné planche IX, nº 14 de ma Description du Cabinet monétaire de D. Jose Garcia de la Torre.

Myrtilis (Mertola).

23. *MYRT* entre deux lignes au-dessous d'un épi posé horizontalement et surmonté d'un A renversé. Rev. *L. A. DEC.* entre deux lignes au-dessous d'un poisson à droite. (Voyez planche 2, n° 13.) Trouvée à San-Juan del Puerto près Huelva. MB. mod. 10. B. C. Rarissime (1).

24. *MYRTIL* entre deux lignes au-dessus d'un gros poisson. Rev. *L. A. DE.* au-dessous d'une branche d'arbre couchée à droite. (Sestini (2), tab. 1, n° 11.) Trouvée à Béja, province de l'Alemtejo en Portugal. GB. mod. 15. A. B. C. Très-rare.

Norba caesarea (Berzocana (3) près d'Alcántara).

25. Buste casqué de Pallas à droite. Rev. C. V. I. N. (colonia victrix iulia norba). Femme debout sur un cippe. PB. mod. 10. B. C. Rare.

Vettones (peuplade de la Lusitanie).

26. Tête casquée et ailée de Pallas entourée par l'inscription *VETTO MS* et quelques caractères indéchiffrables. Rev. *EAR. .OST.* Proue de navire couronnée par une Victoire; dans le champ, un caducée. Æ. Mod. 13. T. B. C. Trouvée à Ciudad Rodrigo (4).

BAETICA.

Abdera (Adra, entre Motril et Alméria).

27. Buste d'Hercule à droite; derrière, la lég. phénicienne n° 4. Le tout dans un grènetis. Rev. Éléphant à droite dans un grènetis. Æ. mod. 8. B. C. (5). Trouvée à Almería. Inédite.

---

(1) Cette curieuse médaille est inédite et diffère essentiellement de celles décrites par Domenico Sestini, tab. 1, fig. 11, 12, 16 de son ouvrage. Cet Auteur a le premier fait connaître l'erreur de D. Henrique Florez qui, tome ii, tab 26, n° 1, et tome iii, page 5, avait attribué cette même monnaie à Gades et à Abdera, lisant MVN.GADES et MV.ABDE au lieu de MYRT pour MYRTILIS et L A DEC pour LUCIUS APIUS DECIMUS.

(2) Ainsi que ledit Sestini en sa *Descriz one delle medaglie Ispane*. pag. 14, j'ai vu dans l'ancien medaillier du roi de Portugal, faisant actuellement partie de celui de la Bibliothèque publique située dans l'ancien couvent de San Francisco à Lisbonne, deux exemplaires de cette dernière medaille qui est bien moins rare que la précedente, laquelle je n'ai rencontree dans aucune des collections d'Espagne ni de Portugal

(3 . Berzocana de San Fulgencio est une petite ville sur la route de Mérida à Cacéres.

(4) Cette rare monnaie a été dessinée et décrite en 1784 dans une brochure qui se trouve à la Bibliothèque publique de Lisbonne, portant ce titre : *Conjecturas sobre huma medalha de bronze com caractères desconhecidos, e com os latinos* VETTO, *achada no lugar da Troya defronte da villa de Setuval*, por Fr. Vicente Salgado, Pregador Geral da Congregacáo da Terceira Ordem de S. Francisco de Portugal Lisboa. 1784. On lit a la page 23 : « Esta medalha de bronze, da grandeza que mostra a figura, modernament achada na Troya Lugar do Bispado de Béja, defronte de Setuval (em la Provincia do Alem Tejo), e se conserva no monetario do Convento de Nossa Senhora de Jesus dos Padres da Congregaçao da Terceira ordem de S. Francisco nesta Corta de Lisboa. »

L'auteur attribue cette monnaie aux Vettones, peuples de la Lusitanie, portant le nom de Vettonia cabeça dos Lugares da Lusitania como expressamente diz Prudencio, Resende, Cellario ; Plino situando os Vettones junto ao Téjo ; etc., etc. Por estas authoridades se deduz que o reverso he proprio, e competente a medalha com as letras latinas *vetto*, ou vettonia, como allusivo a cidade littoral, e Cabeça da Lusitania. » Il termine en disant : « Porém esta pequena Ilustraçao so tem por objecto mostrar, que a Medalha Vetto he unica e singular, desconhecida dos numismaticos, e nova em a Republica literaria ; e por isso de extrema raridade, e digna da noti ia dos Sabios »

(5) Nous croyons indispensable de rappeler ici nos principales abréviations bien qu'elles soient les mêmes pour tous nos Catalogues : AV signifie or. — AR argent. — BR bronze. — PL plomb. — BL billon. — EL electrum. — GB grand bronze. MB moyen bronze. — PB petit bronze. — T.B C tres-belle conservation. — A.B.C. assez bonne conservation. — M.C. mauvaise conservation. — LEG. PHEN. legende phénicienne. — CELT. celtibérienne. — CENT. centigramme. — TR. trouvé. — GR. gramme. — MED. médaille. — M.B.C. moins bonne conservation. — VAR. variété. — REV. revers.

28. Temple hexastyle. Rev. L'inscription phénic. n° 5 entre deux thons à gauche. Fabrique très-barbare. Æ. mod. 9. A. B. C.

29. Même type avec variante dans la légende. Æ. mod. 10. M. B. C. Trouvée à Cadiz.

Acinipo (Ronda la vieja).

30. *Grappe* de raisin; dans le champ, une étoile. Rev. *acinipo* entre une pomme de pin et la fleur du chardon (Variété inédite). Æ. mod. 9. B. C. (1).

31. Même type. Rev. *acinipo* entre deux épis (Mionnet, tom. I, pag. 24). Æ. mod. 10. M. B. C.

32. *l. folce aedile.* Grappe de raisin. Rev. *acinipo* entre deux épis. Æ. mod. 10. A. B. C.

Aria (La María).

33. Tête nue et imberbe à droite; derrière, *S.* Rev. *cunb-aria* en deux lignes, au centre, un poisson (alose) à droite. PB. mod. 8. B. C. Rare.

34. Même tête dans un grènetis. Rev. (*cunb*) *aria* en deux lignes, au milieu, un poisson à gauche. PB. flan très-épais. M. B. C.

Les deux monnaies ci-dessus ont été trouvées en 1852 à Triana, faubourg de Séville.

Ascua (2), Ascui ou Ascula (Guescar).

35. Tête d'Hercule couverte de la peau du lion; devant, une massue. Rev. Éléphant marchant à droite; à l'exergue, la leg. phénicienne n° 6. Æ. mod. 7, 8, 9 A. M. C. Quatre pièces.

36. Tête casquée à droite; devant, *LASC.* Rev. Eléphant à droite; au-dessus, *CASS.*; à l'exergue, la lég. phén. n° 6? (Effacée.) Æ. mod. 8. flan très-épais. Inédite (3).

Asido (Medina Sidonia).

37. Taureau marchant à droite; au-dessus, une étoile. Rev. Légende phénicienne n° 7 au-dessous d'un Dauphin; le tout dans un grènetis (4). MB. mod. 9. B. C. Très-rare.

---

(1) D. Juan Escalante Ruiz Davaloz, ancien député, possède un magnifique moyen bronze d'Acinipo, avec la légende n° 224, trouvé dans sa propriété de la Alameda prés de Ronda.

(2) Plusieurs auteurs anciens, parmi lesquels Rodrigo, Mendez de Sylva et Florian de Ocampo, disent que Guescar en el reyno de Granada fue la poblacion que se conocio en lo antiguo con el titulo de Ascua.

(3) S. stini, *Descrizione delle medaglie ispane*, page 25, attribue plusieurs variétés de cette monnaie à Ascula — Florez, *Medallas de España*, tom. III, tab. 63, n° 7, et tab. 66, n° 9, donne à Lasugi et à Ascui, deux autres varietes, lesquelles paraissent encore plus incompletes que la mienne qui, ainsi que les précedentes, a été trouvée aux environs de Seville en 1853.

(4) En copiant les inscriptions des médailles phéniciennes et celtibériennes que possède la Bibliothèque de Lisbonne, j'ai remarqué la suivante qui m'a paru d'un grand intérêt, puisqu'elle offre tout à la fois une legende phenicienne et une legende latine peut-être equivalente; en voici la description : Tête virile diademée à droite; devant, *Asido.* — Rev. Taureau bondissant a droite; au dessus, partie d'une roue; à l'exergue, la legende phenicienne n° 8 de mon tableau. MB. mod. 10. T. B. C. Cette curieuse medaille, que je n'avais vue nulle part si ce n'est dessinee, est indubitablement antique, elle faisait partie de la collection que Joseph Fontenelle, ancien graveur en pierres fines de Charles IV roi d'Espagne, vendit en 1811, a Jean VI alors prince regent de Portugal, moyennant une somme de 40,000 cruzados novos (environ 160,000 francs). Cette collection, dont je ferai connaitre les principales raretes dans un travail que je prepare, renferme quelques medailles de choix et des raretes qu'il est fâcheux de voir indistinctement mêées a d'autres fausses et grossièrement surmoulées qui s'y trouvent en assez grand nombre et qu'on devrait toujours soigneusement ecarter des collections publiques, dans l'intérét de la science.

Aspavia (Espejo).

38. Tête de Cérès à droite, couronnée d'épis. Rev. Deux épis accostés d'un croissant et d'un disque, au milieu de la légende phénicienne n° 60. MB. T. B. C. Belle patine. Inédite. (Voyez pl. 1, n° 1.) Trouvée à Andujar.

39. Tête barbue à gauche. Rev. Deux épis accostés d'un croissant, au milieu d'une lég. phén. presque effacée (1). (Voyez Sestini, tab. 2, fig. 10.) MB. M. C.

Asta regia (Mesa de Asta).

40. *m. pop.* Tête laurée à droite. Rev. *co. asta. re.* Taureau marchant à droite. MB. B. C. Très-rare. Trouvé à Jerez de la Frontera.

Astapa (Estepa près d'Ecija).

41. Tête virile et diadémée à droite. Rev. Taureau à droite; au-dessus, un croissant; à l'exergue, la lég. n° 9. Petit br. mod. 7, à fleur de coin, trouvé à Cordoue en 1851. Rare.

42. Même tête; devant, une palme. Rev. Taureau debout; dans le champ, un croissant et la lettre n° 2 *ter*; à l'exergue, la lég. n° 9. Æ. mod. 7. T. B. C.

43. Tête diadémée beaucoup plus vieille; devant, la lettre n° 10. Rev. Taureau courant à droite; dans le champ, L et croissant; à l'exergue, la lég. n° 9. Æ. mod. 7. B. C. Trouvée à Carmona.

44. Tête diadémée à droite. Rev. Sanglier (javali) à droite; à l'exergue, la lég. n° 9. (Variété du n° 8, tab. 57, de Florez) PB. mod. 6. B. C. Très-rare. Trouvé à Alcala de Guadaira.

45. Tête virile et diadémée, dans un grènetis. Rev. Sphinx marchant à droite; dans le champ, une étoile et le signe n° 10 *bis*; à l'exergue, la lég. n° 9. Grènetis au pourtour. Grand médaillon, flan épais, mod. 15. B. C. Trouvé à Osuna.

46. Même type de plus petit module, sans le signe celtibérien dans le champ. Æ mod. 13 B. C.

47. Même tête; devant, une main ouverte. Rev. Sphinx marchant à droite; dans le champ, une étoile; à l'exergue, la lég. n° 11. MB. mod. 11 et 12. T. B. C. Deux variétés.

48. Même type, même légende, sans la main devant la tête. MB. mod. 12. B. C. Trouvée aux environs de Séville ainsi que la plupart de celles ci-après décrites.

49. *Cn. voc. st. f.* Tête laurée à droite. Rev. *cn. ful. cn.* Taureau passant; au-dessus, un croissant; à l'exergue, la lég. celtib. n° 9. MB. mod. 10. T. B. C.

50. Autre à peu près semblable sans l'inscription celtibérienne. MB. mod. 9. B. C.

51. Tête diadémée à droite; devant, un dauphin. Rev. Taureau passant; dans le champ, un croissant et le signe n° 12; à l'exergue, la lég. n° 9. MB. mod. 9. A. B. C.

52. Autre à peu près semblable sans l'inscription celtibérienne. MB. mod. 10 B. C.

Augurina (Santiago de la biguera près Jaen).

53. *L. iunius II. vir. quin.* Aigle éployé sur un foudre; à l'exergue, *aug.* Rev. *l acilius II. vir. quin. aug.* Instruments de sacrifice. (Sestini, pag. 215.) PB. mod. 9. B. C. Se trouve communément en Andalousie.

---

(1) Joseph Velazquez, Ensayo sobre los alphabetos de las letras desconocidas, tab. 18, n° 7, donne le dessin d'une monnaie semblable avec la légende n° 61.

Bailo (Bolonia près Tarifa).

54. Bœuf debout tourné à gauche; au-dessus, le soleil, la lune et un disque. Rev. Epi posé horizontalement à gauche entre le mot *BAILO* et la légende phénicienne n° 13 (1). Æ. mod. 9. T. B. C. Très-rare (2). Trouvée en faisant les travaux de la puerta de Tierra à Cadix. Voyez planche I, n° 3.

55. Même type, de plus petit module, avec la variété de légende n° 14. Æ. mod. 8. B. C. Travail moins fin que la précédente. Trouvée al Puerto Sta Maria.

56. Bœuf debout à droite; au-dessus, la lune et un disque entre deux astres. Rev Sanglier (javali) à droite; au-dessus, la leg. phénicienne n° 14 *bis*. Æ. mod. 8. B. C. Inédite. Trouvée à San Lucar de Barrameda.

Carbula (Almodovar el Rio).

57. Tête de femme à droite; derrière, X. Rev. Une lyre de forme antique, entourée par l'inscription *carbula*. Gr. br. mod. 14. B. C. Rare (3).

Carisa (Carija).

58. Tête laurée à droite. Rev. *Carisa*. Cavalier galopant à gauche, armé d'un bouclier rond. Æ. mod. 9. B. C. Trouvée à Chuzena près Séville.

59. Deux autres, dont une avec la tête à gauche. Æ. mod. 7 et 9. M. B. C. Trouvées dans la Sierra de Ronda.

60. Tête casquée. Rev. Cavalier en course, contremarqué. (Florez, tom. III, tab. 67, n° 9). Æ. 8. A. B. C. — Autre variété. Æ. mod. 6. M. B. C.

Carmo (Carmona).

61. Tête casquée de Mars dans une couronne de myrte. Rev. *Carmo* entre deux épis posés horizontalement. Médaillon. Æ. mod. 15. T. B. C. Rare.

62 Tête d'Hercule à droite, couverte de la peau du lion. Rev. *Carmo* entre deux branches d'arbre. (Fabrique très-barbare.) GB. mod. 11. T. B. C. Type très-rare.

63. Tête nue et virile à droite. Rev. *Carmo* entre deux épis. — Autre avec un dauphin derrière la tête. MB. mod. 9. B. C.

64. Tête de Mercure avec le pétase; devant, un caducée. Rev. *Carmo* entre deux epis. GB. mod. 12. M. C.

Carteia (4) (El Rocadillo).

65. Tête de femme tourrelée: devant, *Carteia*. — Rev. Neptune debout, armé du trident et tenant un dauphin; dans le champ, *D. D.* — Æ. mod. 9. T. B. C.

66. Même tête; devant, *Carteia*. Rev. *D. D.* Pêcheur à la ligne assis sur des rochers. Æ. mod. 9. B. C.

---

(1) Dans une note de la page 76 de son ouvrage sur les monnaies autonomes de l'Espagne, M de Saulcy parlant d'un exemplaire de cette médaille qui se trouve à la Bibliothèque nationale de Paris, a cru voir le mot *aug* dans les trois premières lettres de l'inscription phénicienne incorrectement transcrite au n° 185 de son tableau general. Nul doute que le savant numismatiste n'ait eu à sa disposition qu'un exemplaire incomplet qui l'aura trompé par la similitude des caractères, ce qu'il est facile de comprendre, en examinant celui-ci dont l'inscription phénicienne ne laisse rien à désirer.

(2) Une monnaie semblable existait dans la collection de D. José Garcia de la Torre, elle fut adjugee 100 reales et fait aujourd'hui partie du medaillier de M. le duc de Luynes.

(3) Adjugee 112 reales vellon à M. Arnold Morel Fatio, de Paris, lors de la même vente.

(4) Melcharteya puis Carteya, est de nos jours un despoblado situé sur une éminence dans la baie de Gibraltar, appele Torre de Cartagena ou El Rocadillo, dont la plus grande partie est couverte par les eaux de la Méditerranée, qui selon plusieurs auteurs du siècle dernier, laissaient encore à découvert, en se retirant, les murailles et ruines d'edifices de cette célèbre cité.

67. Tête laurée de Neptune ; devant, *IIII. VIR. TR.* — Rev. *Cartei.* — *c. mini. q. f.* Dauphin à droite, PB. T. B. C.

68. *Germanico et Druso.* Tête de femme tourrelée. Rev. *Caesaribus. IIII. vir cart.* gouvernail. PB. T. B. C.

69 Même tête ; devant, *Carteia;* derrière, un trident. Rev. *IIII. vir. ex. d. d* Cupidon sur un dauphin. PB. B. C. Deux exemplaires variés.

70. *Carteia.* Dauphin sur un trident. Rev. *IIII. vir. d. d.* Gouvernail. PB. A. B. C.

71. Tête laurée de Neptune. Rev. *Q. Pedecai.* au-dessus d'une proue accostée de la marque *S.* — PB. B. C.

72. Même tête à gauche. Rev. *c. vib. aid.* Dauphin à gauche. (Deux variétés) MB. mod. 10 A B. C.

73 *Carteia.* Même tête ; derrière, S. — Rev. *Aed. cn. mai. l. arg.* Proue de navire. (Deux exemplaires.) Æ. mod. 8 et 9. A. B. C.

74. Même tête. Rev. *m. sep.* Proue de navire ; au-dessous, *kar.* — Br. mod. 9. *M. B. C.*

75. Même tête de Neptune. Rev. *Car.* au-dessous d'une proue de navire. PB. A. B. C.

76. Tête casquée à droite. Rev. *Careia* (sic). Dauphin. (Florez, tab. 52, n° 5.) PB. M. C.

Caura (Coria).

77. Tête casquée à droite ; derrière, *X*, dans une couronne de laurier. Rev. *Caura* entre deux lignes ; au-dessus, un poisson (1) ; au-dessous, *A* et croissant. (Florez, tab. 18, n° 1.) GB. mod. 13. B. C. Rarissime.

78. Tête casquée à gauche sans *X*. Rev. *Caura* entre deux lignes ; au-dessus, croissant et A renversé ; au-dessous, un poisson. (Variante de Florez, tab. 18. n° 2.) G. B. mod. 13. B. C.

Ces monnaies sont de la plus grande rareté; elles ont été trouvées, la première à Coria même, et la seconde à San Juan de Alfarache, près Séville.

Ceret (Cera près Jerez de la Frontera).

79. Tête de Cérès à droite, couronnée d'épis. Rev. *Cere* entre deux rameaux. PB. mod. 8. B. C. Très-rare (2). Trouvé à Utrera en 1852.

80. Tête de femme ayant une couronne radiée. Rev. *Cer.* entre deux épis. P. B. mod. 9. A. B. C. Échangé à Séville. Très-rare.

Corduba, puis Patricia (Córdoba).

81. *cn. iuli. l. f. q.* Tête diadémée de Vénus. Rev. *corduba.* Cupidon debout, les ailes éployées, tenant un flambeau et une corne d'abondance ; dans le champ, trois globules. PB. mod. 8. B. C. Rare. Deux exemplaires variés de coin.

82. *permissu caesaris augusti.* Tête laurée d'Auguste à gauche. Rev. *colonia patricia.* Aigle légionnaire entre deux enseignes militaires. GB. mod. 14. B. C. Rare.

83. *perm. caes. aug.* Tête nue d'Auguste à gauche. Rev. *colonia patricia* dans une couronne de chêne. MB. mod. 11. T. B. C.

84. *perm caes. aug.* Même tête. Rev. *colonia patricia.* Simpulum et Apex. PB. mod. 9. B. C.

---

(1) Ce poisson, qui se retrouve sur la plupart des monnaies frappées dans les lieux avoisinant le Guadalquivir, est le sábalo (alose), qui abonde dans cette rivière et qui probablement était aussi commun il y a deux mille ans dans toutes les villes de son littoral. Caura, aujourd'hui Coria, est un village près du Guadalquivir, à deux lieues de Séville ; c'était, sous les Romains, une ville renommée par ses fabriques de briques et ses poteries. On y fabrique encore ces énormes vases de terre dans lesquels on conserve l'huile et les olives dans toute l'Andalousie.

(2) Une variété de cette monnaie a été adjugée 120 reales à la vente de la Collection de la Torre, elle fait aujourd'hui partie du Cabinet de la Bibliothèque Nationale de Paris.

85. *per. cae. aug.* Même tête. Rev. *colo. pat.* Aspergilum, Praefericulum, Patera et Lituus. PB. mod. 6. B. C. Rare.

Epora (Montoro).

86. Tête nue et virile à droite; devant, *.PORA.* — Rev. Bœuf couché près d'un autel. (Catalogue de la Torre, pl. IV, n° 1.) GB. mod. 15. A. M. C. Très-rare (1).

Gades (Cádiz).

87. Tête d'Hercule à gauche, couverte de la peau du lion, sans la massue. Rev. Deux thons tournés à gauche, près d'un croissant et un disque; autour, la légende phénicienne n° 15. MB. mod. 11. B. C. Rare.

88. Même tête d'Hercule, mais avec la massue derrière. Rev. même type et légende avec des variétés dans la forme des lettres. (Voyez Medallas gaditanas (2), lámina 1, n° 1.) MB. mod. 11. B C. Deux pièces variées.

89. Autre semblable avec un dauphin en contremarque au revers. MB. mod. 11. M. B. C

90. Même avers avec la massue devant la tête d'Hercule. Rev. Deux thons entourés par une variété de la légende phénicienne n° 15. (Medallas gaditanas, lám. 1, n° 5.) PB. mod. 8. B. C Deux pièces.

91. Même type avec une variété de la légende phénicienne n° 15. (Medallas gaditanas, lám. 1, n° 5. v.) PB. mod. 8 B C.

92. Même type avec les thons tournés à droite et une variante de légende. (Medallas gaditanas, lám. 1, n° 6. v.) PB. mod. 8. T. B. C.

93. Tête d'Hercule de face, avec la peau du lion maintenue sous le menton par une agrafe. Rev. Deux thons à gauche; dans le champ, la lettre phén. n° 12 *bis*. (Med. gad. lám. 1, n° 8) PB. mod. 7. T. B. C.

94. Tête de la Lune de face. Rev. Deux thons tournés à gauche, sans légende. Très petit bronze, mod. 3. T. B. C. Inédite.

95. Tête d'Hercule à gauche, avec la peau du lion maintenue par une agraffe. Rev. Deux thons à gauche, sans légende. (Med. gad. lám. 1, n° 11.) PB. mod. 7. Fleur de coin.

96. Autre semblable avec les thons tournés à droite. (Med. gad. lám. 1, n° 9) PB. mod. 7. M. B. C.

97. Tête d'Hercule à droite. Rev. Deux thons à gauche; dans le champ, le signe phénicien n° 12 *bis*. Variété inédite. PB. mod. 4. B C.

98. Tête de la Lune de face. Rev. Deux thons dans le champ, sans légende. (Med. gad lám. 1, n° 14.) PB. mod. 5. T. B. C. Rare.

99 Dauphin à gauche. Rev. Deux thons à gauche. (Medallas gaditanas, lámina 1, n° 15.) PB. mod. 4. T. B. C. Rare.

100. Dauphin à droite. Rev. Deux thons à gauche. (Med. gad. lám. 1, n° 16.) PB. mod. 3. T. B. C. Très-rare (3).

---

(1) Celle de la Collection de la Torre, a été adjugée 212 reales vellon, à D. Basilio Sebastian Castellanos, directeur du Cabinet des medailles de la Biblioteca nacional de Madrid.

(2) *Historia de la ciudad de Cadiz*, compuesta por Agustin de Horosco criado del rey. ANN. DOMINI CIƆ. IƆ XCVIII. Cette histoire, publiée d'après le manuscrit original, en 1845, par la municipalité (ayuntamiento), est su vie d'un important appendice par D. Joaquin Rubio, avec ce titre : *Medallas antiguas gaditanas*. Il contient 94 dessins de medailles parfaitement dessinées par D. Manuel Gutierrez, et forme ainsi une excellente iconographie des monnaies de cette ville. Cet ouvrage, qui est la propriété del ayuntamiento, et par conséquent ne se trouve pas dans le commerce, figure parmi les livres placés à la fin du présent catalogue.

(3) Toutes les monnaies de Gades, des modules 3 et 4, sont extrêmement rares, car l'exiguité de ces infiniment petits monuments numismatiques les a fait échapper aux recherches des antiquaires. Il en est de même de la monnaie d'argent de cette même ville, décrite ci-dessus au n° 109, dont je n'ai vu qu'un seul exemplaire en Espagne et deux autres à la Bibliothèque publique de Lisbonne, dont une est inédite ; en voici la description : Tete d'Hercule à gauche; devant, la massue. Rev. Deux thons à gauche près d'un croissant et d'un disque; autour, la légende phénicienne n° 16. AR. mod. 8. T. B. C.

101. Tête d'Hercule avec la massue. Rev. Un thon à gauche entre les deux initiales commençant les deux lignes phéniciennes n° 17. (Med. gad. lám. 2, s. 2, n° 10.) PB mod. 5. B. C. Rare.

102. Même tête à droite, sans la massue. Rev. Un thon à gauche au-dessus du signe phénic. n° 12 *bis*. (Med. gad. lám. 2, s. 2, n° 11.) PB. mod. 4. A. B. C.

103. Même tête à gauche. Rev. Comme ci-dessus. (Med. gad. lám. 2, s. 2, n° 12.) PB. mod. 4. T. B. C.

104. Tête de la Lune de face. Rev. Un thon à gauche au-dessus d'un *aleph* comme ci-dessus. (Med. gad. lám. 2, s. 2, n° 13.) PB. mod. 5. T. B. C. Rare.

105. Autre semblable, de très-petit mod. (Med. gad. lám. 2, s. 2, n° 14.) PB. mod. 4. M. B. C.

106. Même type, sans la lettre phénicienne. Inédite. PB. mod. 3. B. C. Très-rare.

107. Tête d'Hercule à gauche, avec la massue. Rev. Un thon à gauche entre les deux lignes phéniciennes n° 17. (Med. gad. lám. 2, série 2, n° 3.) PB. mod. 8. T. B. C.

108. Autre à peu près semblable avec variété dans la forme des lettres. Æ. mod 8. B. C.

109. Tête d'Hercule à gauche, couverte de la peau du lion, sans la massue. Rev. Un thon à gauche entre les deux lignes phéniciennes n° 17. (Med. gad. lám. 2, série 2, n° 1.) Denier d'argent, mod. 6. B. C. Très-rare.

110. Même type, même légende, mais en bronze. (Med. gad. lám. 2, s. 2, n° 4.) Æ. mod. 6. Très-belle conservation.

111. Deux autres monnaies variées du même type. Æ. mod. 6.

112. Tête d'Hercule à gauche. Rev. Dauphin à gauche entre une variante de l'inscription phénicienne n° 17. (Med. gad. lám. 2, s. 3, n° 1.) PB. mod. 6. B. C.

113. Même tête. Rev. Comme ci-dessus avec variante dans la légende. Deux pièces variées. Æ, mod. 4 et 5. B. C.

114. Même tête. Rev. Dauphin sur un trident, légende n° 17. (Med. gad. lám. 2, s. 3, n° 3.) PB. mod. 7. B. C.

115. Tête d'Hercule, avec massue. Rev. Dauphin sur un trident, entre les deux lignes phéniciennes n° 18. Inédite. PB. mod. 6. T. B. C. Très-rare.

116. Autre du même type, avec l'inscription phénicienne n° 19. (Variante du n° 2, v. 3. s, lám. 2, de las Medallas gaditanas.) PB. mod. 6. B. C.

117. Même tête. Rev. Dauphin sur un trident entre les deux initiales de la légende n° 17. (Medallas gaditanas, lám. 2, s. 3, n° 4.) PB. mod. 6. M. C.

118. Tête de la Lune de face. Rev. Dauphin et l'inscription phénicienne n° 17. Deux pièces variées. Æ. mod. 6 et 7.

119. Même type de plus petit module avec le dauphin en sens contraire. (Med. gad. lám. 2, s. 3, n° 7.) Deux pièces variées. Æ. mod. 4 et 5.

Iliberis (Sierra de Elvira près Grenade).

120. Tête virile, avec chevelure bouclée. Rev. Cavalier casqué, armé d'un bouclier rond, conduisant deux chevaux au galop; à l'exergue, la lég. celtib. n° 20. Denier d'argent mod. 8. T. B. C. Trouvé à Cordoue.

121. Tête virile à peu près semblable, avec collier. Rev. Cavalier comme ci-dessus, mais armé d'un bouclier a cinq rondelles; à l'exergue, la lég. n° 21. AR. mod. 8. T. B. C.

122. Deux autres variétés, dont une de style très-barbare approche beaucoup de la fabrication mauritanienne. Je l'ai achetée à Malaga. AR. mod. 8. B. C.

124. Tête virile à droite; derrière, deux lettres celtibériennes un peu oxydées. Rev. Cav. à gauche; à l'exergue, variante de la lég n° 20. MB. mod. 9. Inédite.

125. Tête barbare à droite; derrière, un poisson. Rev. Cavalier casqué, armé d'un bouclier rond et la lance en arrêt ; à l'exergue, la lég. celtib. n° 21. MB. mod. 11, B. C.

126. Mêm: type du plus grand module, un peu oxydée, mais très-rare. GB. mod. 13. M. B. C.

Ilipense (Alcalá el Rio).

127. *ilipense* entre deux lignes; dessous, la lettre *A* ; au-dessus, poisson surmonté d'un croissant. Rev. Epi au centre d'un grènetis. GB. mod. 14. B. C.

128. Même type sans la lettre *A* dans le champ. GB. mod. 13. B. C. Trouvé à Castilleja de la Cuesta.

129. Même type de plus petit module, flan très-épais, avec légende celti-béro-latine. MB mod. 10. B. C.

130. Tête de Cérès dans un grènetis. Rev. *ilipense* au-de sous d'un épi. (Catalogue de la Torre, pl. 3, n° 2.) PB. mod. 8. Rare. Trouvé à Alcalá el Rio.

131. *ilipense* entre deux lignes, sous un poisson. Rev. Epi de blé. PB. mod. 7. B. C. Rare.

Ilipense et Searo (Alcalá del Rio et Sarracatin).

132. IL. SE. entre deux lignes; dessous, la lettre *A* ; au-dessus, poisson (sabalo) tourné à gauche. Rev. Epi accosté d'un croissant. GB. mod. 13. B. C. Rare. Trouvé à Coria près Séville.

Ilipla (Niebla).

133. Cavalier galopant à droite, la lance en arrêt. Rev. *ilipla* (lég. 22) sur une tablette entre deux épis. (Avers un peu effacé, mais légende entière.) GB. mod. 14. B. C. Rare. Trouvé à Huelva.

Ilurcon (Piños del puente (1) près Grenade).

134. Tête virile à droite; devant, *ilurcon* en lettres celtibéro-latines. Rev. Tête à peu près semblable, sans légende, dans un cercle de points. MB. mod. 11 1/2 B. C. Rarissime.

Quoique ce moyen bronze soit l'un des mieux conservés de tous ceux connus jusqu'à ce jour, le coin n'ayant pas également porté marque à peine la première lettre, qui se voit cependant, et qui est bien un *I* et non un *Y* comme l'a indiqué Velasquez (tab. VIII, fig. 6), et d'après lui, tous les numismatistes, qui le citaient sans cesse en parlant de cette monnaie dont l'extrême rareté peut seule expliquer cette erreur. J'en ai vu quatre exemplaires en Espagne, tous en mauvais état, quoique lisibles, et je désespérais pouvoir en trouver un intact, lorsque visitant il y a quelques mois le médaillier de la Bibliothèque de Lisbonne, j'en ai découvert deux autres exemplaires, dont l'un surtout, frappé sur un flan large, a l'inscription entière. Comme sur le mien et tous ceux que j'ai vus, on y lit ILURCON et non YLURCON. (Voyez légende 23 de mon tableau.)

Ipagro (Aguilar).

135. Tête casquée à droite; devant, une palme. Rev. Trinacria ayant au centre la tête de la Lune; autour, la lég. turdétaine n° 24, un peu effacée

---

(1) Selon quelques numismatistes du pays, ce serait Alarcos, dont les murailles et ruines se voient sur un hauteur à une lieue de Ciudad-Real, qui aurait remplacé l'antique Ilurcon La médaille ci-dessus a été trouvée avec quelques latines d'Obulco, dans la Sierra Morena, près La Carlota, ou je l'ai achetée ; elle ressemble beaucoup pour le style à ces dernières médailles ainsi qu'à celles d'Utia, de Castulo, de Carbula et d'Epora, dont Ilurcon ne devait pas être éloigné.

(Sestini, tab. 2, n° 16). Æ. mod. 12. Deux pièces trouvées près du château de Gibralfaro à Málaga.

Irippo (Coripe).

136. Tête nue et virile à droite ; devant, *irippo*. — Rev. Femme assise, tenant une corne d'abondance et une pomme de pin. MB. mod. 11. B. C.

137. Deux autres exemplaires avec les légendes variées n°s 25 et 26. MB. mod. 10 et 12. B. C.

138. Même type de très-petit module, avec la légende celtibero-latine n° 27. PB. mod. 8. T. B. C.

139. Même type, mais avec la tête à gauche et la légende en sens contraire n° 28. MB. mod. 10. M. B. C.

Italica (Santiponce (1) ó Sevilla la vieja).

140. *perm. aug. munic. italic*. Tête nue d'Auguste. Rev. *roma*. Figure militaire debout près d'un bouclier, elle est armée de la haste et tient le parazonium. MB mod. 11. B. C. Rare.

141. Même tête et légende. Rev. *gen. pop. rom*. Figure en toge debout, tenant une patère ; à ses pieds, un globe. M. B. mod. 11. B C.

142. *ti. caesar augustus pon. max. imp*. Tête nue de Tibère. Rev. *perm. divi aug. munic. italic*. Autel sur lequel est écrit : *providentiae augusti*. MB. mod. 11. T. B. C.

143. *germanicus caesar ti. aug. f*. Tête nue de Germanicus à gauche. Rev. *per. aug. munic. italic*. Aigle légionnaire entre deux enseignes militaires. PB. mod. 9. A. B. C.

144. *drusus caesar ti. aug. f*. Tête nue de Drusus à droite. Rev. *per aug. munic. italic*. Aigle légionnaire entre deux enseignes militaires. PB. mod. 10. B. C. Très-rare.

Ituci (Castro del Rio el leal).

145. Taureau à droite ; au-dessus, un astre. Rev. Épi couché entre trois points et la légende phénic. n° 66. Æ. mod. 8. T. B. C. Inédite (Voyez pl. 1 n° 9.) Trouvée à Andujar (2).

146. Cavalier casqué, armé d'une épée et d'un bouclier ; au-dessous, *ituci*. Rev. Astre entre deux épis. Æ 9. B. C. Très-rare.

147. Même cavalier armé d'une lance ; à l'exergue, *ituci* (bien lisible) sur une ligne. Rev. Le Soleil et la Lune entre deux épis. GB. mod. 14. M. B. C. Trouvé à Séville.

Lacipo (Estepona).

148. Bœuf marchant à droite. Rev. *LACIPO* en légende circulaire ; dans

---

(1) Santiponce, bâti sur les ruines de l'ancienne Italica , où naquirent les empereurs Trajan, Adrien et Théodose, est un pauvre village situé sur la rive droite du Guadalquivir, à une lieue de Séville. La plus grande partie de cette célèbre Cité, qui fut d'abord Municipe, puis Colonie Romaine, s'étendait tres au loin dans les champs d'oliviers situés au nord-ouest ; on y aperçoit encore de tous côtés, des debris de colonnes, des chapiteaux et fragments de statues, des restes d'anciens murs de bains et reservoirs, d'aqueducs, ainsi que les ruines d'un grand amphithéâtre assez bien conservé. On y a laissé détruire de nombreuses mosaïques romaines dont les debris, ainsi que les monnaies antiques (appelées monedillas) qu'on y découvre chaque jour, forment une branche d'industrie pour les femmes et les enfants de la localité, qui les offrent aux étrangers après les avoir nettoyées.

La plupart des monnaies d'Italica, et bon nombre d'autres décrites au présent Catalogue, y ont été trouvées pendant l'hiver de 1852, par suite des excavations pratiquées sur l'emplacement des reservoirs et fourneaux de bains antiques, pour en extraire d'énormes briques, marbres et pierres, qu'on brisait pour combler les ornières de la grande route de Sevilla à Badajoz. A cette époque, nous y faisions chaque semaine plusieurs excursions en compagnie des principaux Membres de la Société archéologique de Séville.

(2) La collection Sanchez, de Séville, renferme une monnaie absolument semblable de type, avec la lég. phén. n° 67.

le champ, un dauphin tourné à gauche. MB. mod. 10. Rarissime (1).
Trouvé près de Ronda en 1852.

Laelia (El Berrocal).

149. Tête casquée à droite dans un grènetis. Rev. *laelia* en sens contraire,
sous une branche de pin posée perpendiculairement. Æ. mod. 9. A. B. C.
Rare. Trouvée à Almaden de la Plata.

Lastigi (Zahara près Ronda).

150. Tête casquée à droite. Rev. *lastigi* entre deux épis. MB. mod. 9. Un
peu fruste.
151. Même tête dans une couronne de myrte. Rev. *las* dans une couronne
semblable. PB. mod. 8. B C. Rare.
152. Même type de très-petite dimension. Æ. mod. 7. B. C. Ces deux dernières monnaies ont été trouvées à Algodonales.

Malaca (Málaga).

153. Tête de Vulcain coiffé d'un bonnet carré ; derrière, le forceps et la
lég. phén. n° 29. Rev. Étoile dans une couronne de myrte. Æ. mod. 10.
B. C. Rare avec la légende entière (2).
154. Même type, de fabrication plus barbare, avec la légende n° 30. Æ.
mod. 9. A. B C.
155. Tête de Vulcain (3) coiffé d'un bonnet pointu ; derrière, le forceps et
la lég. n° 29. Rev. Tête radiée de face. Æ. mod. 10. B. C. Trouvée à
Almeria.
156. Même type, sans inscription, de fabrique très-grossière. Æ. mod. 10.
B. C.
157. Autre avec la tête à gauche et la légende phén. n° 29 (un peu rognée).
Æ. mod. 10. B. C. Trouvé à Algéciras.
158. Tête de Vulcain entre le forceps et une variante de la lég. n° 29. Rev.
Temple tétrastyle. (Florez, tab. 56, n° 14.) PB. mod. 7. B. C. Très-
rare.
159. Tête de Vulcain avec le forceps. Rev. Cabire debout ; dans le champ,
trois globules. Æ. mod. 7 A. B. C. Inédite.
160 Quatre autres pièces semblables, trouvées avec la précédente à Triana,
faubourg de Séville. Æ. mod. 6, 7, 9. M. C.
161 Même tête. Rev. Taureau debout ; à l'exergue inscript. phén. presque
effacée. Inédite. Æ. mod. 9. M. C. Trouvée à Cadiz.

Obulco (Porcuna).

162. Tête de Cérès à droite ; devant, *obulco*. Le tout dans une couronne.
Rev. Charrue et épi au-dessus de la lég. turdétaine n° 31. Medaillon.
Æ. 15. B. C.
163. Même tête ; devant, *obulco* Rev. Légende n° 32 entre une charrue
et un épi. Æ. 13. B. C.

---

(1) Domenico Sestini (*Descrizione delle medaglie ispane del museo Hedervariano*,
page 57) dit en parlant de cette monnaie : « Questa medaglia inedita osservata dal Doctor
Puertas nel museo del Re di Spagna appartiene à Lacippo popolo della Betica del quale
fanno menzione Tolemeo e Plinio. E scritta come il bustrophedon dei Greci in linea re-
trograda, e di piu con le prime tre lettere inverse.

(2) Ces monnaies, qui se rencontrent très-difficilement aussi bien conservées, proviennent d'echanges avec les Numismatistes du midi de l'Andalousie, qui les avaient recueillies
dans les environs.

(3) Dans la première partie de mon Catalogue de Médailles, Antiquités et Objets d'art
recueillis en Espagne, dont la vente a eu lieu à Paris les 17 et 18 mars dernier, j'ai décrit
sous le n° 1 une statuette phénicienne en bronze, trouvée à Cadiz, representant ce même
personnage, qui probablement tenait un marteau d'une main et de l'autre un serpent. Cette
statuette a été achetée par l'administration du Musée du Louvre, où elle figure maintenant.

164. Même avers. Rev. Même type avec la lég. 33 ; dans le champ, X. — C. Trouvée à Andujar. Æ. 13. B. C.

165. Même type avec la légende n° 34 sans les signes *x*. — *c*. dans le champ. Æ. 12. A. B. C.

166. Trois autres du même type avec des inscriptions variées. Æ. mod. 12. M. B. C.

167. Tête de Cérès à droite ; devant, la lég. n° 35 (1). Rev. Charrue et épi au-dessus d'une inscription turdétaine peu visible. — Autre avec la · légende 36. (Voyez le Catalogue de Bary (2), pl. 36, n° 5.) Æ. mod. 13. A. M C. Deux pièces très-rares.

168. *obulco.* Tête de Cérès dans une couronne de myrte. Rev. Cavalier la lance en arrêt, dans un double grènetis. Æ. 10. B. C. Rare.

169. *obul-nic.* Tête laurée d'Apollon. Rev. Épi entre un joug et une charrue. Æ. 12. B. C. Trouvée à Cordoue.

170. Même avers. Rev. Taureau au-dessous d'un croissant. Æ. mod. 9. M. B. C.

171. Taureau passant ; au-dessus, *ОϽΤΛЯO* en sens inverse. Rev. Aigle éployé. Æ. 9. A. B. C.

172. OBULCO. Tête de Cérès. Rev. *l. aimil. m. iuni. ad.* entre une charrue et un épi. — Autre avec *aid* et la marque *x* dans le champ. Æ. 12. B. C. Trouvées à Jaen.

173. Autre avec la marque CX derrière la tête. Deux pièces variées. Æ. 12. M. B. C.

Obulco et Hispalis (Porcuna et Sevilla).

174. — Tête de Cérès ; devant, *obulco.* Rev. *IPLPL* en lettres turdétaines rétrogrades (lég. 37) entre une charrue et un épi. Æ. 12. B. C.

175. Autre avec la lég. n° 38. Æ. 12 A. B. C. Ces deux monnaies ont été trouvées à Séville en 1852.

Odacisa (3).

176. Tête d'Hercule à gauche, couverte de la peau du lion ; devant, ODA-CISA. Rev. Inscription phénicienne nᵐ 62, entre deux thons. MB. T. B. C. Inédite. (Voyez pl. 1, n° 5.) Trouvée à Béja.

177. Même tête sans légende. Rev. Inscription phénicienne n° 63, entre deux thons. GB T. B. C. Belle patine. Inédite. (Voyez pl. 1, n° 4.) Trouvée à Tavira (4).

Lont, Olont, Olunt (Almonte).

178. Tête virile à droite. Rev. Pomme de pin ; dans le champ, la lég. phén. n° 39. (Voyez pl. 1, n° 7.) PB. mod. 8. B. C. Inédite. Trouvée à Niebla.

---

(1) Il existe dans le médaillier de la Bibliothèque San Francisco à Lisbonne, un grand bronze avec une légende à peu près semblable, dont voici la description : Tête diadémée ; devant, la lég n° 35 *bis.* Rev. Branche de myrte. Æ 13. A. B. C. Les monnaies d'Obulco avec les légend s nᵒˢ 34 et 38, y sont également.

(2) *Catalogus numismatum antiquorum* vi i nobilissimi Jacobi de Bary. Amstelodami, 1730. 1 v. l. in-4°, avec 36 planches de monnaies antiques.

(3 On croit que cette ville était située dans la Turdetanie, sur les bords de la mer, non loin de l'embouchure du Guadiana. Nous ferons remarquer que les monnaies de Gades, Sexti et Odacisa, sont les seules où l'on voit figurer, avec la tête d'Hercule, les thons, dont la pêche fut toujours si abondante dans ces parages. Ambroisio Morales, savant historiographe de Philippe II, dit qu'il y avait près de Lora une inscription ainsi conçue : CORNELIA. L. F. ODACIENSIS.

(4) Ces deux rares monnaies faisaient partie de la collection do senhor Augusto Carlos Teixera de Aragão, cirurgião mor do 5º regto de caçadores portuguez. J'en ai vu un autre exemplaire, moins bien conservé, dans la collection de D. Manuel Ruiz de Cadiz, possesseur d'une jolie série de monnaies grecques et quelques phéniciennes trouvées dans la localité.

179. Tête à droite. Rev. Pomme de pin ; dans le champ, *Olunt*. (Florez, tab. 35. n° 2.) PB. mod. 8. B. C. Rare. Trouvé à Huelva.

180. Tête virile à droite. Rev. Cavalier galopant à droite ; à l'exergue, la lég. phén. n° 39. MB. mod. 10. B. C. Inédite. Trouvée a Santiponce.

181. Autre semblable avec la légende un peu rognée. Æ. 10. M. B. C. Trouvée à Beja en Portugal.

182. Même tête. Rev. *Olont*. Même type du cavalier. (Florez, tab. 35, n° 1.) MB. mod. 10. Deux pièces trouvées à Séville.

183. Tête de femme à droite. Rev. Pomme de pin ; dans le champ, lég. phén. n° 40. PB. Inédite (1). Trouvée à Niebla.

184. Tête virile à gauche. Rev. Pomme de pin (sans inscription). PB. mod. 7. B. C. Inédite.

Oningis et **Urso** (Ecija et Osuna).

185. Tête barbue ; derrière, la lég. celtib. n° 44. Rev. Cavalier armé d'une épée : à l'exergue, la lég. n° 45. Denier d'argent. T. B. C.

186. Tête barbue entre un poisson et une variété de la lég. 44. Même revers que ci-dessus. Æ. mod. 10. B C.

187. Trois autres pièces variées, de bien moins bonne conservation. Trouvées près de Manzanarez.

Onuba (Huelva).

188. (*c. aeli. q. publili*). Tête casquée de Mars à droite. Rev. *onuba* entre deux épis. Æ. 10. A. B. C. Rare.

189. Même type de plus petit module. PB. mod. 7. M. B. C. Elle est percée au centre.

190. *conduct. malleol*. Main ouverte. Rev. II. *vir. quinq*. Bœuf à droite. (Sestini, pag. 75, n° 3). Æ. 9. B C.

191. *cond. mall*. Marteau. Rev. II. *vir. quinq*. Globe terrestre. PB. mod. 7. M. B. C. Inédite.

Orippo (Dos Hermanas).

192. Tête de Bacchante à droite ; devant, une grappe de raisin. Rev. Taureau à droite ; au-dessus, un croissant ; à l'exergue, *orippo* (lég. 46). MB. T. B. C. Trouvé à Séville. Très-rare.

Osset (San Juan de Alfarache).

193. Tête virile imberbe à dte. devant *OSSET*. Rev. Homme nu debout, tenant une grappe de raisin. MB. B. C. Rare.

194. Même type avec la variété de légende n° 47. MB. B. C Trouvé à Castillejo de la Cuesta.

195. Deux autres de fabrique plus barbare, avec les lég. n° 48 (2). MB. mod. 10. M. B. C.

196. Tête plus âgée. Rev. Homme nu debout, portant une corne d'abondance et un raisin. GB. mod. 13. A. B. C. Très rare.

Ostur (3) (dans la Sierra-Morena).

197. Gland très en relief au milieu du champ ; au-dessous, *Ostur* en lettres

---

(1) J'en ai vu un second exemplaire dans la Collection de D. Francisco Mateos Gago, vice-rec or del Seminario de Cádiz, qui possède aussi les suivantes : Tête à droite, lég. phén. 41. Rev. Sanglier à gauche, lég phén. 42 Æ. mod. 11. — Tête à droite ; derrière, un soc de charrue. Rev. Cavalier avec lance, lég. celtib. 43. MB.

(2) Il existe dans les différentes Collections de Séville, aux environs duquel se trouvent généralement ces monnaies, plusieurs exemplaires avec cette même légende, qui, sans aucun doute, a induit en erreur Florez et la plupart des Auteurs, qui ont d'après lui décrit cette monnaie, lisant ossur pour osset.

(3) Florez, tom. III, pag. 142, place cette ville dans la province de Valence, près Alcora, mais le style et la fabrication de cette monnaie suffiraient pour la restituer à la Bé-

celtibero-latines (lég. 50.) Rev. **Deux branches de chêne.** Voyez planche
1 n° 6. PB. mod. 8. T. B. C Trouvé à Alcala del Rio. Très-rare.
198. Même type avec la variété de légende n° 51, trouvé à Aracena en
1853. PB. B. C. Rare.

Romula (Hispalis puis Sevilla).

199. *perm. divi. aug. col. rom.* Tête radiée d'Auguste; devant, un foudre.
Rev. *iulia augusta* (1) *genetrix orbis.* Tête laurée de Livie à gauche,
surmontée d'un croissant et posée sur un globe. (Mionnet, 1 vol. 25.
165.) Très-rare. GB. mod. 15. B. C.
200. *perm. divi. aug. col. rom.* Tête laurée de Tibère à gauche. Rev.
drusus caesar. germanicus caesar. Têtes nues et affrontées de Drusus
fils de Tibère, et de Germanicus. MB. mod. 12. B. C. Rare.
201. *germanicus caesar ti aug. f.* Tête nue de Germanicus à gauche.
Rev. *perm. aug. col. rom.* Bouclier votif au milieu d'une couronne de
laurier. PB. mod. 9. M. B. C.

Sacili (Alcorrucen).

202. Tête barbue du dieu Pan à droite; derrière, *sacili.* Rev. Cheval libre
courant à droite. (Florez, tab. 39, n° 8). Trouvée à Cordoue. MB. mod.
10. A. B. C. Très-rare.

Searo (Sarracatin).

203. Tête virile à droite; devant, un petit poisson en forme d'*S.* — Rev.
searo entre deux épis. (Var. de Florez, tab. 42, n° 8.) MB. T. B. C. (2).
Rarissime. Trouvé à Marchena.
204. Tête d'Hercule couverte de la peau du lion, grossièrement figurée.
Rev. *searo* entre deux épis. MB. B. C. Très-rare. Trouvé à Alcalà de
Guadaira.

Sexti (Almuñecar).

205. Tête d'Hercule à gauche couverte de la peau du lion, la massue sur
l'épaule. Rev. Légende phén. n° 52 sur une tablette entre deux thons;
dans le champ, un astre. MB. B. C. Trouvé à Cadiz.
206. Même tête. Rev. Lég. phén. n° 53 sur une tablette entre deux thons;
dans le champ, un astre, un croissant et la lettre phén. n° 12 *bis.* MB.
B. C. Rare. Trouvé à Malaga.
207. Tête casquée à droite dans un grènetis. Rev. Un thon à droite au-
dessus de la lég. phén. n° 54. PB. mod. 8. B. C. Très-rare. Trouvé près
de Ronda.

Sisapona (Guadalcanal).

208. Tête barbue à droite; derrière, initiale de la lég. céltib. n° 55. Rev.
Cavalier la lance en arrêt; au-dessous, la lég. n° 55. MB. T. B. C. Deux
pièces trouvées près de Manzanarèz.

---

tique, si l'on ne savait que, excessivement rare dans le reste de l'Espagne, on la rencontre
assez souvent, quoique presque toujours fruste, aux environs de Séville, d'où proviennent
ces deux exemplaires les mieux conservés de tous ceux que j'y ai vus. Cette opinion est par-
tagée par la plupart des numismatistes du pays, qui pensent avec moi que cette ville devait
être située sur le versant de la Sierra-Morena, au nord de Séville.
(1) On sait que le testament d'Auguste, second mari de Livie, lui donnait entrée dans la
famille Julia. C'est depuis cette époque seulement qu'elle substitua à son nom de Livia
celui de Julia Augusta
(2) Ainsi que bon nombre de monnaies décrites au présent Catalogue, il m'a fallu échan-
ger celle-ci plusieurs fois avant de la posséder aussi belle; c'est ce que je faisais, chaque
fois qu'une découverte bien constatée établissait la provenance de meilleurs exemplaires.

Traducta (Algeciras).

209. *perm. caes. aug.* Tête nue d'Auguste à gauche. **Rev.** *iulia. trad.* en deux lignes dans une couronne de chêne. MB. mod. 11. B. C.

210. Même tête, même légende. **Rev.** *iulia trad.* Apex et Simpulum. PB. mod. 8 B. C.

211. *l. caes.* Tête nue de Lucius Caesar fils de Marcus Agrippa. **Rev.** *iul. trad.* Epi de blé dans le champ. (Florez, tab. 46 n° 5.) PB. mod. 8. B. C. Très-rare.

Ulia (Montemayor).

212. Tête diadémée de Vénus sur un croissant; devant, un épi. **Rev.** *ulia* (lég. 56) entre deux branches d'olivier entrelacées. (Florez, tab. 49, n° 3.) GB. patine verte. T. B. C.

213. Même tête; devant, un rameau. **Rev.** *ulia* (lég. 57) entre deux branches d'olivier. GB. mod. 14. B. C. Fabrique très-barbare.

Urso (Osuna).

214. Tête barbue à droite; devant, un poisson. **Rev.** Cavalier au galop, l'épée à la main; au-dessous, la légende celtib. n° 58. MB. T. B. C. Deux pièces à légendes variées.

215. Tête casquée de Mars à droite. **Rev.** Ours accroupi. GB. mod. 14. A. B. C. Trouvé à Marchena.

216. Tête diadémée; devant, *ursone.* **Rev.** *l. ap. dec. q.* Sphinx à droite. MB. A. M. C. Trois pièces variées.

Ventipo (Casariche).

217. Tête casquée de Mars à droite. **Rev.** *ventipo* (lég. 59). Figure militaire debout, armée d'une lance. GB. mod. 13. B. C. Très-rare. Trouvé à Italica.

Incertaines de la Bétique.

218. Tête barbare à droite. **Rev.** Grappe de raisin entre deux épis; à l'exergue, la légende phénicienne n° 64. Æ. mod. 10. B. C. Inédite. (Voyez pl. 1, n° 2.)

219. Même tête. **Rev.** Epi et grappe de raisin près d'un croissant et d'un disque; à l'exergue, la lég. phén. 65. Æ. 9. B. C. Inédite (1).

220. Autre semblable, mais très-mal conservée quoique lisible, achetée à Baylen en 1852.

221. Même tête peu visible. **Rev.** Epi et grappe de raisin; au-dessous, la lég. phén. 70. Æ. 8. A. B. C. Inédite. Tr. a Carmona.

222. Buste de Proserpine tenant une torche; devant, le signe phén. n° 68. **Rev.** Cheval en course conduit par un génie; à l'exergue, la lég. 69. Æ. 8. B. C. Inédite. Tr. à San-Lucar de Barrameda.

223. Aigle éployé de face. **Rev.** lég. phén. n° 71 sous un large croissant. Æ. 7. B. C. Inédite. (Voyez pl. 1, n° 8.) Trouvée à Baena, près Castro del Rio.

224. Tête barbue à droite. **Rev.** Epi, grappe de raisin et la lég. phén. 72. Æ. 7. B. C. Inédite. Tr. à Utrera.

225. Tête virile à droite. **Rev.** Cheval debout; au-dessous, la lég. phén. 73. Æ. 8. (demi-fruste). Inédite. Tr. à Lucena.

226. Tête de Cérés sur un soc de charrue. **Rev.** Deux épis et le signe phén. 68 *bis* Æ. 7. A. B. C. Tr. à Antequera.

227. Tête à droite avec longue chevelure. **Rev.** Le signe n° 74 entre un

---

(1) Ces deux monnaies ont été trouvées aux environs de Manzanarez (Mancha), par D. José Peñaloza, propriétaire-cultivateur, qui me vendit, en 1851, une assez importante collection de celtibériennes, municipes et coloniales d'Espagne.

épi et une grappe de raisin ; à l'exergue, la légende n⁰ 75 (1). Æ. 7. B. C.
Tr. à Cadix.

228. Même tête. Rev. Le signe n° 74 entre deux épis ; à l'exergue, la lég.
phén. 76. Æ. 7. M. C. Tr. à Séville.

229. Tête barbue à droite. Rev. Trois épis debout ; à l'exergue, la lég.
phén. 78, peu visible. Æ 8. B. C. patine verte. — Autre semblable. M. C.
Trouvées à Cadix.

230. Tête virile. Rev. Deux épis accostés d'une lég. phén. dont on ne voit
qu'une partie. Æ. 8. A. B. C.

231. Deux autres semblables. M. B. C. Toutes trois ont été trouvées aux
environs de Séville.

232. Tête virile à droite. Rev. Cheval en course près d'un palmier ; au-
dessous, la légende 79. (Florez, tom. 3, tab. 67, n⁰ 8.) Æ. 9. (le revers
est martelé). Très-rare.

233. Deux autres avec le même revers, tête variée, sans légende. Æ. Mod.
9. M. C. Tr. à Seville.

234. Tête à gauche. Rev. Cavalier galopant à g., lég. phén. peu visible.
MB M. C Tr. à Seville.

235. Tête d'Hercule couverte de la peau du lion. Rev. Taureau bondissant ; lég. n⁰ 81 *bis*. MB. A. B. C. Trouvé à Triana, faubourg de
Séville.

236. Tête voilée de femme. Rev. Cheval libre ; au-dessus, croissant et
disque ; à l'exergue, la lég. phén. n⁰ 80 ? en partie effacée. Æ. 9. Deux
pièces trouvées à Séville.

237. Tête barbue à droite. Rev. Apex au milieu d'une couronne, lég 80
(effacée). Voyez catalogue de Bary, pl. 31, n⁰ 4. Tr. à Cadix.

238. Tête diademée à gauche ; devant, la lég. 81. Rev. Taureau et croissant. Æ. 9. A. B. C. Inédite. Tr. à Niebla.

239. Tête casquée à droite. Rev. Lég. phén. oxidée entre deux poissons.
Æ. mod. 8 M. B. C. Tr. à Cadix.

240. Tête virile à droite ; derrière, une massue. Rev. Thon et dauphin.
(Cat. de Bary, pl. 25, n⁰ 4.) Æ. 9. B. C. Deux pièces. Tr. à Cadix.

241. Tête à droite ; devant, un caducée. Rev. Deux épis. PB. mod. 7. B. C.
Inédite. Tr. à Malaga.

242. *alb. hel. pollio II. quinc.* Tête voilée de Sextus Pompée. Rev. *sabinu.*
Trophée ; au-dessous, *c. m imp.* (Colonia Marcia Imperatoria ?) Æ. 9.
B. C. Très-rare. Voyez Sertini, tav. ult. n⁰ 14. Trouvée à Osuna.

243. *ap. clo.* Tête diademée. Rev. *c. auf. a. pos.* Sanglier. (Var. de
Florez, tab. 57, 10.) Æ. 8. T. B. C. Trouvée à Santiponce.

244. Proue de navire. Rev. *imp. caesar divi f.* en trois lignes. PB. mod. 7.
T. B. C. Tr. à Cadix.

245. Tête à droite. Rev. *m. sep.* sur une proue (fabrique grossière). Æ. 8.
B. C. Tr. à Cadix.

---

(1) Un autre exemplaire existe dans la collection Sanchez, de Séville, ainsi que la monnaie suivante : Tête à droite ; devant, un caducée. Rev. Cheval libre ; au-dessous, la lég.
phén. 77. Æ. 7. T. B. C.

Nous croyons utile, en terminant la description des monnaies de la Bétique, de faire remarquer qu'à de très-rares exceptions près on ne trouve point de monnaies à légendes purement celtiberiennes après avoir passé la Sierra-Morena, bien qu'il n'y ait peut-être aucune
contrée où l'on trouve autant de monnaies antiques qu'en Andalousie. Non-seulement on y
fait chaque jour des trouvailles, mais encore, ces monnaies se trouvent mêlées avec les
cuartos et ochavos (monnaies de cuivre), que reçoivent en paiement les tiendistas (mar-
chands en détail tenant boutique (tienda)), ce qui explique le mauvais état de conservation de la plupart de ces monnaies, qu'il m'a fallu souvent changer dix fois pour en avoir
un bon exemplaire. Les monnaies antiques que l'on trouve le plus généralement en Andalousie, sont des parties d'As, consulaires et impériales romaines, mêlées à un très-grand
nombre de Municipes et Colonies de la Bétique et de la Lusitanie, parmi lesquelles des
autonomes à légendes phéniciennes et turdetanes, ainsi que des monnaies arabes et quelques anciennes monnaies de Castille. Beaucoup plus rarement on y rencontre quelques
monnaies carthaginoises en argent ou en cuivre, ainsi que des tiers de sol d'or des rois
goths.

246. *hispan*. Tête voilée de l'Espagne. Rev. *a. post. a. f. s. n. albin*. Personnage debout entre des faisceaux et un aigle légionnaire. **AR. B. C.**

247. Tête casquée a droite. Rev. Sanglier.—Même tête. Rev. Caducée. **PB. B C.** Deux pièces trouvées à Santiponce.

248 *p. baebius pollio. II. vir. quin*. Victoire passant. Rev. *c. aquinus mela. II. vir. quin*. Deux enseignes militaires. Æ **10. B. C.**

249. *c. caedi. t. popili*. Dauphin. Rev. *II. vr. quin*. Branche d'arbre. Æ. mod. 7. **M. C.**

250. Vingt-cinq monnaies incertaines et autres de la Bétique, toutes variées. **A. B. C.**

TARRACONENSIS.

Acci (Guadix el viejo).

251. *augustus divi f*. Tête laurée d'Auguste à droite. Rev. *c. i. g. — acci — l. III*. Deux Aigles légionnaires entre deux Enseignes militaires. **MB.** mod. 12. **A. B. C.**

252. Même légende, même tête. Rev. *c. i. g. acci*. Apex et Simpulum. **PB.** mod. 10. **A. B. C.**

253. *ti. caesar divi aug. f. augustus*. Tête laurée de Tibère à gauche. Rev. Deux Aigles légionnaires entre deux Enseignes militaires; dans le champ en trois lignes : *c. i. g.—acci.—l. III. (Colonia Julia Gemella Acci. legio III.)* **GB.** mod. 13. **B. C.** Très-rare.

254. Même type, même légende, avec *VA* en contre-marque. **GB.** mod. 13. **B. C.** Trouvée à Alméria.

255. *c. caesar aug. germanicus*. Tête laurée de Caligula à droite. Rev. *col. iul. gem. acci*. en deux lignes dans une couronne de laurier. (Florez, tab. 2, n° 13.) Æ. mod. 12. **A. B. C.** Rare.

Albocela (ville des Vaccéens).

256. Tête virile à droite; devant, étoile et croissant. Rev. Cavalier la lance en arrêt; à l'exergue, la lég. celtib. n° 83. **MB. B. C.** Très-rare (1). Trouvée à Tolède en 1851.

Areva et **Turbula.**

257. Tête imberbe entre un poisson et la lég. celtib. n° 84. Rev. Cavalier armé d'une lance ; dessous, la lég. celtib. n° 85 (2). **MB T. B. C.**

258. Tête barbue entre un poisson et la légende 86. Rev. Même cavalier, avec la légende 87. **MB. B. C.**

Arrotrebae (ville des Artabres).

259. Tête casquée de Pallas. Rev. Cheval marin ; au-dessous, la légende 89. **PB. B. C.** Trouvé à Martorell en 1850.

Arsi (ville des Édétans).

260. Tête imberbe entre trois poissons. Rev. Cavalier la lance en arrêt ; légende 90. **MB. B. C.** Trouvée à Saragosse.

---

(1) M. de Saulcy, *Essai de classification des monnaies autonomes de l'Espagne*, p. 176, doute de la correction de cette légende, décrite par Domenico Sestini, d'après un dessin envoyé d'Espagne au comte de Wiczay. Cet exemplaire suffirait pour la mettre hors de contestation, si déjà je n'en avais décrit une autre sous le n° 591, pag. 38, planche 2, n° 2, de la *Description du cabinet monétaire de D. José Garcia de la Torre*, à la vente duquel cette monnaie fut achetée par D. Serafin Esteban de Calderon, senador del reyno et ministro del supremo tribunal de guerra y marina.

(2) Ces monnaies sont communes dans le centre de l'Espagne. La Bibliothèque publique de Lisbonne en a plusieurs exemplaires en argent, provenant de la collection Fontenelle, avec les légendes n°s 84 et 88. — Autre avec les lég. n°s 84 *bis* et 88 *bis*, dans la magnifique collection de D. Manuel Vidal Ramon de Barcelona.

Attacum (ville des Celtibères).

261. Tête imberbe entre deux poissons. Rev. Cavalier la lance en arrêt; légende 91. Collection de la Torre, planche 8, nº 1 (1). MB. B. C. Très-rare.

Barsé, Barcino (Barcelona).

262. Tête laurée d'Hercule jeune à gauche, avec la massue sur le cou; devant, une étoile. Rev. Taureau à face humaine près d'un demi cercle; au-dessus, la légende 92 sur une tablette. (Collection de la Torre, pl. 1, nº 3.) Denier d'argent. T. B. C. Trouvé à Barcelone en 1850. Rare.

263. Tête diadémée de Vénus à droite. Rev. Taureau à face humaine; au-dessus, la légende 93. Denier d'argent, variété inédite. B. C. Trouvé à Palma de Mayorque.

Betunica (ville des Astures).

264. Tête imberbe avec la chevelure bouclée; derrière, les deux lettres nº 94. Rev. Cavalier portant une palme; légende 95. (Etudes Ibériennes, pag. 133.) Denier d'argent. T. B. C. Variété inédite. Trouvé à Valladolid. Voyez planche 2, nº 10.

265. Tête à droite; derrière, un poisson. Rev. Cheval à mi-corps; dessous, la légende 96. PB. B. C. Rare.

Betteres (peuplade des Cossetans).

266. Tête virile entre un croissant et la lettre nº 94 *bis*. Rev. Cavalier la lance en arrêt; légende 97. (Etudes Ibériennes, pag. 116.) MB. B. C. Très-rare.

Bilban (Bilbao).

267. Tête à droite entre trois poissons. Rev. Cavalier portant une palme; dessous, la légende 98. MB. T. B. C. Rare. Trouvé à Miranda.

Bilbilis (Calatayud).

268. Tête imberbe entre un poisson et la lettre M. Rev. Cavalier la lance en arrêt; légende nº 99. MB. B. C.

269. Même type. Rev. Cheval libre et croissant; à l'exergue, la légende nº 100. PB. A. B. C. Inédite. Trouvée à Saragosse.

270. Même tête entre un poisson et l'initiale de la légende nº 100. Rev. Même cavalier; légende 00. MB. B. C.

271. *augustus divi f.* Tête laurée d'Auguste. Rev. *bilbilis.* Cavalier la lance en arrêt. MB. B. C.

272. *Augustus divi f. pater patriae.* Même tête. Rev. *mu augusta bilbilis m. semp. tiberi. l. lici. varo. II. vir.* Couronne de laurier. MB. B. C.

273. Même tête. Rev. *mu. augusta bilbilis l. cor. caldo. l. semp. ruilo II vir.* Couronne de laurier. MB. B. C.

274. *ti. caesar divi augusti f. augustus.* Tête laurée de Tibère. Rev. *mu. augusta bilbilis. c. pom. cape. II. g. vale. tranq. II. vir.* Couronne de laurier. GB. M. B. C.

Bilbilis et Italica (Calatayud et Santiponce).

275. *bilbili.* Tête nue d'Auguste. Rev. *italica.* Cavalier la lance en arrêt. MB. B. C. — Autre du même type, avec *bilbilis* devant la tête. MB. M. B. C.

Boecula (ville des Ausetans).

276. Tête virile; devant, deux poissons. Rev. Cavalier portant une

---

(1) Voir le *Bulletin de la Société archéologique de Béziers* (13ᵉ livraison), *Études ibériennes*, par P.-A. Boudard. Beziers, 1852.

palme ; lég. n° 101. (Études Ibériennes, page 107.) **MB. A. B. C.**
Trouvé à Mataro en 1850.

Bracara et **Bucasis** (ville des Accétans).

277. Tête imberbe ; derrière, un annelet Rev. Cavalier la lance en arrêt ;
légende 102. Denier d'argent. T. B. C.

278 Même tête entre deux poissons, même cavalier ; légende 102. **MB.
B. C.** Trouvé à Burgos.

279. Autre semblable avec la variété de légende n° 103. Très-rare. **MB.
B. C.**

280. Tête virile ; derrière, un point. Rev. Cavalier la lance en arrêt ;
lég. 104. Denier d'argent. T. B. C.

281. Même tête entre deux poissons. Rev. Même cavalier avec la légende
105. **MB. A. B. C.**

Bursada (ville des Celtibères).

282. Tête barbue entre un poisson et un soc de charrue. Rev. Cavalier
brandissant un épieu ; légende 106. Denier d'argent. T. B. C.

283. Autre semblable en moyen bronze (Collection de la Torre, pl. 3.
n° 3). B. C. Trouvé à Manzanarèz.

284. Même type beaucoup plus barbare, avec la variété de légende n° 107.
MB. B. C.

Caesaraugusta (Zaragoza).

285. *augustus divi f.* Tête laurée d'Auguste à gauche. Rev. *tib. flavo
praef. german. l iuvent luperco. II. vir. c. c. a.* Bœuf à gauche,
ayant sur la tête un ornement en forme de triangle (1). Mionnet,
s. 1. 58. 324. **MB. B. C. Rare.**

286 Même légende, même tête à droite entre le Lituus et le Simpulum.
Rev. *man. kaninio iter. l. titio II. vir. caesaraugusta.* Colon
conduisant deux bœufs. **MB. B. C**

287. *imp. augustus trib. potes. XX.* Tête laurée d'Auguste. Rev. *cn.
dom. amp. c. vet. lanc. II. vir. caes. augus.* Colon conduisant deux
bœufs. **MB. B. C.**

288. *imp. augustus. XIV.* Tête laurée d'Auguste à gauche ; devant,
Simpulum et Lituus. Rev. *m. porci. cn. fad. II. vir. caesaraugusta.*
Colon conduisant deux bœufs. **MB. B. C.**

289. *augustus divi f. cos. XI. des. XII. pon. max.* Même tête à droite.
Rev. *c. alliar. t. verrio. II. vir.* Même type. **MB. M. B. C.**

290. *augustus divi f.* Même tête à gauche. Rev. *tib. flavo praef.
german. ll iuvent. luperco II. vir. c. c. a.* (Florez, tab. 7, n° 9.)
PB. mod. 8. B. C. Rare.

291. *augustus imp.* Tête laurée d'Auguste à droite. Rev. *cn. dom. amp.
c. vet. lanc. II. vir. caes. august* Étendard (Vexillum) sur un autel.
(Variété de Florez, tab. 7, n° 10.) PB. mod. 8. Flan très-épais. T. B. C.
Rare.

292. *augustus divi f.* Même tête à gauche. Rev. *l. cassio. c. val fen.
II. vir. caesar augusta.* Vexillum sur un autel. PB. A. B. C.

293. Même tête. Rev. *m porci cn. fad. II. vir, caesaraugusta.* Même
type. PB. mod. 8. A B. C.

294. *augustus c. c. a.* Tête laurée d'Auguste. Rev. *ti. caesar augusti.
f.* Tête laurée de Tibère. (Florez, tab. 7, n° 15.) PB. B. C. Très-
rare (2).

---

(1) Dans une grande partie de l'Andalousie, les bœufs employés aux charrois portent
encore de nos jours, au-dessus de la tête, un ornement très-élevé en paille tressée, ressemblant beaucoup à celui-ci.

(2) Florez, *Medallas de las colonias de España*, dit en parlant de ce petit bronze : « Es
inedita, unica y la mas rara que he visto. »

295. *ti. caesar divi augusti f. augustus.* Tête laurée de Tibère. Rev. *iulia augusta c. c. a.* Statue assise de Julie, mère de Tibère, divinisée sous les traits de la Piété dont elle porte les attributs. (Florez, tab. 8, n° 3) MB. B. C. Très-rare.

296. *m. agrippa. l. f. cos. III.* Tête de Marcus Agrippa, ornée d'une couronne rostrale de laquelle sortent des proues de navire. Rev. *scipione et montano II. vir. c. c. a.* Colon conduisant deux bœufs. (Florez, tab. 8, n° 4.) MB. Très-rare. T. B. C. C'est le plus bel exemplaire connu.

297. *ti. caesar divi augusti f. augustus.* Tête laurée de Tibère. Rev. *drusus caesar. nero caesar.* Néron et Drusus assis sur des chaises curules, se donnant la main (1) ; à l'exergue, *c. c. a.* (Florez, tab. 10, n° 8.) MB. mod. 12. B. C. Très-rare.

298. Même légende, même tête. Rev. *c. c. a.* au-dessus d'un taureau ayant un ornement triangulaire attaché aux cornes. MB. B. C.

299. Même légende, même tête. Rev. *t. caecilio lepido. c. aufidio gemello II. vir. c. c. a.* Même type. MB. A. B. C.

300. Même légende, même tête. Rev. *m. cato. l. vettiacus II. vir. c. c. a* Colon conduisant deux bœufs. MB. B. C.

301. *ti. caes. augustus augus.* Tête laurée de Tibère à gauche. Rev. *c. carr. aquili. l. iuni. vet. II. vir ;* au milieu, *c. c. a.* (Variété inédite de Florez, tab. 9, n° 11.) PB mod. 8 B. C.

302. *ti. caesar divi aug. f. augustus.* Même tête. Rev. *sex. aebutius l. lucretius. II. vir. c. c. a.* Aigle légionnaire entre deux enseignes militaires. PB. A. B. C.

Calagurris (Calahorra).

303. *imp. augustus mun. calag.* Tête nue d'Auguste. Rev. *c. marc. m. val. pr. II vir.* Bœuf à droite. MB. B. C. Rare.

304. *mun. cal. iul.* Tête nue d'Auguste. Rev. *c. valer. l. granio II. vir.* Bœuf à droite. MB Fleur de coin.

305. Même légende, même tête. Rev. *m. plaet. fran. q. urso II. vir. iter.* Même type. MB. T. B. C.

306. Tête nue à droite; devant l'inscription *nassica.* Rev. *calagurri— iulia.* Bœuf à droite. (Florez, tab. 11 , n° 9.) MB. B C. Très-rare.

307. *imp. augus. mun. cal.* Même tête d'Auguste. Rev. *c. mar m. val. pr. II. vir.* Bœuf à droite. MB. T. B. C.

308. *imp caesar augustus. p. p.* Tête laurée d'Auguste. Rev. *m. semp. barba. q. baeb. flavo II. vir m. c. i.* Même type. MB. B. C.

309. *imp. august. pater patriae.* Même tête. Rev. *m. lic. cape. c. ful. rutil. II. vir. m. c. i.* Même type. M. B. B C.

310. *augusta. mu. cal. iulia.* Même tête. Rev. *l. baeb. prisco. c. gran. broc. II. vir.* Même type. MB. B. C.

311. *ti. augus. divi augusti f. imp caesar.* Tête laurée de Tibère à droite. Rev. *l. ful. sparso l. saturnino II. vir. m. c. i.* Même type. MB. T. B. C. Rare.

312. *ti. caesar divi aug. f. augustus.* Même tête. Rev. *c. celere. c. recto. II vir. m. c. i.* Même type. MB. B. C.

313. *ti. caesar augusti f. m. c. i.* Tête laurée de Tibère Rev. *l. val. flavo. t. val. merula. aed.* Tête de bœuf de face. (Florez, tab. 13, n° 10.) PB. mod. 9. B. C. Rare.

Calagurris Fibularia (Loharre).

314. *l. q. ul. f. q. isc. f.* Tête nue et virile à gauche. Rev. *m. c. f.* (Municipium Calagurris Fibularia). Femme assise de face sur un taureau courant

---

(1) Les Césars Néron et Drusus étaient les frères aînés de Caligula et fils comme lui de Germanicus et d'Agrippine l'Ancienne.

à droite (enlèvement d'Europe). Mionnet, 1 vol. 34. 247. — Sestini,
pag. 122 (1). MB. mod. 12. B. C. Rare.

Carthago Nova (Cartagena).

315. *imp. aug. divi f.* Tête nue d'Auguste entre une palme et un caducée. Rev. Deux flèches et un bouclier entre deux couteaux de Victimaire. Gr. bronze. B. C. Très-rare.

316. Même légende et même type sans les couteaux au revers. MB. mod. 10. A. B. C.

317. *augustus divi f.* Tête laurée d'Auguste. Rev. *c. var. ruf. sext. iul. pol II. vir. q.* Simpulum, Aspergilum, Apex et Securis. MB. T. B. C.

318. Même type en petit bronze, de très-belle conservation. Tr. à Valencia.

319. *p. turillio II. vir. quing. v. i. n. k.* Quadrige. Rev. *m. postu albinus II. vir. quinq. iter. v. i. n. k.* Temple sur le fronton duquel on lit : *augusto.* Petit bronze. B. C. Rare.

320. *ti. caesar divi aug. f. aug. p. m.* Tête laurée de Tibère. Rev. *c. caesar ti. n. quing. in. v. i. n. k.* Tête nue de Caligula. MB. B. C.

321. *ti caesar divi augusti f. augustus p. m.* Tête nue de Tibère. Rev. *nero et drusus caesares. quinq. c. v. i. n. c.* Têtes en regard des jeunes princes (Mionnet, 1. 36, 262). MB. B. C. Rare.

322. Autre semblable en petit bronze, de belle conservation. Très-rare.

323. *c. caesar aug. germanic. imp. p. m. tr. p. cos.* Tête laurée de Caligula. Rev. *cn. atel. flac. cn. pom flac. II vir. quinc. sal. aug.* Tête de Caeson e 4e femme de Caligula. Petit bronze. B. C. Très-rare.

324. Même type en moyen bronze, avec une contre-marque (Mionnet, 1. 36, 263). A. B. C.

325. *augustus divi f* Tête laurée d'Auguste. Rev. *m. postum. albin. l. porc. capit. II. vir.* Personnage debout, tenant un petit vase et un rameau. PB. A. B. C. — Autre en moyen bronze. M. B. C.

Cascantum (Cascante).

326. *ti. caesar divi aug. f. augustus.* Tête laurée de Tibère. Rev. *municip. cascantum.* Bœuf debout. MB. B. C.

327. Autre semblable avec une tête d'aigle en contre-marque. MB. B. C. Tr. à Logroño.

328. Autre avec *municip. cascantum* (*n* et *t.* en monogramme). MB. B. C. Tr. à Saragosse. Rare.

Castulo (Cazlona).

329. *sacal. iscer.* Tête virile et laurée à droite. Rev. (*socrd. cast.*). Sphinx marchant à droite (Florez. tab. 17, nº 11). GB. A. B. C. Très-rare. Tr. à Valdepeñas.

Celsa (Velilla de Ebro).

330. Tête imberbe entre trois poissons. Rev. Cavalier casqué portant une palme; légendes nos 108 et 109. GB. T. B. C. 2 pièces tr. à Saragosse.

331. Même type ; médaillon de grande dimension, trouvé à Ocana. Æ. mod. 15. M. B. C. Très-rare.

332. *col. v i. celsa II. vir.* Tête d'Auguste. Rev. *l. pompe. bucco. l. corne. front* Bœuf debout. GB B. C.

333. *c. v. i. celsa augustus.* Même tête dans une couronne. Rev. *l. corn. terr. m. iun. hisp. II. vir.* Bœuf. MB. A. B. C.

---

(1) Bien des personnes placent encore à Calagurris Fibularia les monnaies avec les légendes *mun. cal. iulia.* — *mun. cal. iul.* — *mun. cal. i.* — *mun. c. i.* — *m. cal. i.* — *m. c. i-* — et *calagurri iulia.* Ne classant à Calagurris-Nassica que celles où on lit : *mun. cal.* — *mun. calag.* — ou seulement *nassica*, faisant ainsi du nº 306 ci-dessus, une monnaie d'alliance entre Calagurris Fibularia (Loharre) et Calagurris-Nassica (Calahorra), comme Italica et Bilbilis.

334. *augustus divi. f.* Tête laurée d'Auguste. Rev. *l. baccio. man. festo. II. vir. c. i. v. cel.* Bœuf. MB. B. C.
335. Même avers. Rev. *l. baccio. man. festio. II. vir.* Au milieu, *c. v. i. celsa.* (Florez, tab. 52. n° 7). PB. mod. du quinaire. B. C.
336. Même tête nue. Rev. *l. sura. l. bucco. II. vir.* Bœuf debout. MB. A. B. C. Deux pièces variées.
337. *imp. caesar divi f. augustus cos. XII.* Même tête laurée. Rev. *cn. domiti. c. pompeio II. vir. c. i. v. celsa.* Bœuf. MB. B. C.
338. *m. agrip.–hibero praef.* Tête nue de Marcus Agrippa. Rev. *l. bennio. praef.* Trophée. PB. B. C. Tr. à Cadix où, selon nous, elle devrait être classée. Très-rare.
339. *ti. nerone quinq.* Tête nue de Tibère. Rev. *hibero praef.* Instruments de sacrifice. (Var. de Florez, tab. 52, n° 10.) PB. M. C. Tr. à Cadix.
340. *ti. caesar augustus.* Tête laurée de Tibère. Rev. Dans le champ : *aed. celsa.* Autour : *buccone. c. fufio. c. v. i* (Var. de Florez, tab. 19, n° 6.) PB. B. C.
341. *hiberus. II. vir. quinq.* Tête de l'Èbre jetant de l'eau par la bouche. Rev. *c. lucipi. II. v. quinq.* Simpulum. (Florez, tab. 52, n° 12.) PB. M. C.

Cissa (Guisona).

342. Tête imberbe à droite. Rev. Cavalier portant une palme et conduisant deux chevaux ; légende n° 110. Denier d'argent. B. C.
343. Tête virile à droite ; derrière, trois points. Rev. Cheval à mi-corps ; au-dessus, la marque ... (quadrans), au-dessous la lég. 110. Très-petit bronze, mod. 6. B. C. Inédite.
344. Tête virile ; derrière, un point (uncia). Rev. Dauphin, étoile et croissant ; lég. 111. PB. mod. 5. B. C. Inédite.
345. Même tête ; derrière, un sceptre. Rev. Dauphin ; au-dessus, la marque .. (sextans) ; au-dessous, lég. 110. Très-petit bronze, mod. 5. B. C. Très-rare.
346. Même tête. Rev. Cheval libre, étoile et croissant ; à l'exergue, lég. 110. PB. mod. 8. A. B. C. Inédite.
347. Tête à droite ; derrière, X. Rev. Cheval bridé ; à l'exergue, lég. 110. PB. mod. 8. B. C.
348. Deux autres, même type, avec caducée et massue derrière la tête. PB. B. C. 2 pièces.
349. Même tête ; derrière, la lettre n° 110 *bis.* Rev. Cheval libre ; lég. 112 (bien lisible), le cheval est fruste. PB. M. C.
350. Tête virile à cheveux bouclés ; derrière, une massue. Rev. Cavalier casqué portant une palme ; lég. 111. MB. T. B C.
351. Même tête ; derrière, un vase à deux anses (diota). Même revers que la précédente ; lég. 111 MB. T. B. C.
352. Deux autres dont l'une a pour symbole une palme, l'autre un gouvernail. MB. B. C. 2 pièces.
353. Tête barbue à droite ; derrière, la lettre n° 94 *bis.* Même revers que ci-dessus ; lég. 111. MB. M. B. C 2 pièces.
354. Deux autres avec les initiales n°ˢ 112 et 112 *bis* derrière la tête. Même revers : lég. 111. MB. B. C. 2 pièces.
355. Quatre autres, avec X, fer de lance, gouvernail et corne d'abondance derrière la tête. MB. A. B C. ; lég. 110.
356. Tête casquée à droite. Rev. Coq debout ; lég. 111. PB. mod. 6. Mauvaise conservation.
357. Tête virile ; derrière, les deux lettres n° 111 *bis.* Rev. Cavalier portant une palme ; lég. n° 111. MB. A. B. C.

Clunia (près Coruña del Conde).

358. *ti. caesar aug. f. augustus imp.* Tête laurée de Tibère. Rev. *l. iul. ruf. t. cap. con. t. pomp. lon. p. iul. ani. III. vir.* Bœuf à gauche ;

au-dessus, *clunia.* (Var. de Florez, tab. 52, n° 14.) MB. T. B. C. Tr. à
Aranda de Duero.

359. Même type avec la légende circulaire : *cn. pomp. m. au. q. t. anto.
m. iul. seran. IIII. vir.* (mal transcrite dans Florez, tab. 19, n° 11).
MB. B. C. Tr. à Burgos.

360. Même type et même légende avec une tête d'aigle en contre-marque.
MB. M. B. C.

361. Même légende ; tête de Tibère avec un sanglier en contre-marque sur
le cou. Rev. *c. aem. meto. t. cor. mate. l. cae. pres. c. cael. cand. IIII.
vir.* Dans le champ, *clunia* au-dessus d'un bœuf contre-marqué d'une
hure de sanglier MB. A. B. C.

362. Tête virile entre un poisson et le signe n° 114. Rev. Cavalier casqué
la lance en arrêt ; au-dessous, *ciounioq* (sic.) voyez lég. 115 (1). MB.
B. C. Rare. Tr. à Calatayud.

363. *ser. sulpi. galba imp. caesar aug. p. m. tr. p.* Tête laurée de Galba
à gauche. Rev. *hispania. clunia sul.* L'empereur, assis sur une chaise
curule, reçoit une petite figure de la Victoire que lui présente une femme
debout personnifiant l'Espagne (2). (Florez, tab. 20. n° 5.) GB. mod. 15.
Ce grand bronze dont l'authenticité est contestée, est martelé et presque
fruste ; il a été acheté chez un orfévre de Saragosse en 1851.

Dertosa (Tortosa).

364. *ti. caesar divi aug. f augustus.* Tête laurée de Tibère. Rev. *dert.*
Navire à la voile ; branche de laurier en contre-marque. MB. A. B. C.
Très-rare.

Emporiae (Ampurias).

365. Tête de Nymphe (3) entre trois poissons, avec collier et pendants
d'oreille, la chevelure ornée d'un diadème formé de proues de navire.
Rev. Pégase en course, la tête formée par une petite figure humaine,
barbue et accroupie ; légende phénicienne n° 116. ARgent, mod. 7 ½ B. C.
Poids. 4 gram. 5 décig. Unique et inédite. (Voyez pl. 2, n° 1.) Trouvée
à Barcelone en 1850.

366. Même tête entre trois poissons. Même type, avec un éléphant? au-dessous du Pégase ; à l'exergue, la légende celtibérienne n° 117? en partie
illisible. AR. mod. 7. Poids, 4 gr. 4 décig. Inédite. Trouvée à Mataró.
(Voyez planche 2, n° 2.)

367. Tête à peu près semblable ; derrière, un poisson. Rev. Pégase ;
au-dessous, la lettre T. Obole d'argent, inédite. (Voyez pl. 2, n° 3.)
T. B. C. Trouvée à Figueras.

368. Tête de Diane entre trois poissons. Rev. Pégase, sans figure humaine ;
lég. 118. AR. mod. 7. T. B. C. (Voyez pl. 2, n° 4). Achetée à Capda-
quet (4), avec les deux monnaies ci-après :

369. Tête de Cérès ornée d'épis entre trois poissons. Rev. ΕΜΠΟΡΙΤΩΝ.
Pégase en course. AR. mod. 7. B. C.

---

(1) La légende de cette monnaie, parfaitement conservée, exprime, selon moi, le nom
du Questeur qui la fit frapper, et doit être classée dans les incertaines, car les types et la
fabrication s'opposent à l'attribution qui en a été faite à Clunia, dont on voit les nombreuses ruines sur une montagne de la Vieille-Castille, appelée Cerro de Castro, au pied
de laquelle est située Coruña del Conde, bâtie avec les materiaux et débris provenant des
decombres de Clunia.

(2) Servius Sulpicius Galba était âgé de soixante et onze ans, et Gouverneur de l'Espagne Tarragonaise sous Neron, lorsqu'il apprit que cet empereur avait envoyé l'ordre de
le faire mourir ; pour se soustraire à ce danger, il se retira à Clunia, et à l'instigation de
Vindex, qui commandait alors en Gaule, se fit proclamer Empereur dans les deux Pro-
vinces. La même année (68 ans après J.-C.), le senat de Rome confirma l'élection de
Galba à l'empire et fit frapper cette medaille, qui est excessivement rare.

(3) Peut-être la Diosa del mar? ou mieux encore la personnification de la cité maritime
d'Emporiae.

(4) Petite ville de Catalogne, située entre Rosas et le Cap de Creus, où nous fimes re-
lâche deux jours en 1853, par suite du mauvais etat de la mer.

370. Tête de femme à gauche, entourée d'une inscription en caractères inconnus et peu visibles. Rev. Cheval debout au-dessus duquel est un oiseau grossièrement figuré. AR. mod. 7. A. B. C.

371. Tête de Diane entre trois poissons. Rev. ΕΜΠΟΡΙΤΩΝ (lég. 119). Pégase en course, la tête formée d'une figure humaine accroupie. AR. mod. 7. B. C. Tr. à Barcelone.

372. Tête de nymphe, la chevelure ornée de proues de navire. Rev. ΕΜΠΟΡΙΤΩΝ. Pégase. AR. 7. M. B. C.

373. Même type, avec un gouvernail sous le Pégase au-dessus duquel est la lettre 114 *bis*. AR. 7. Flan rogné.

374. Autre exemplaire ayant un fer de lance sous le cheval. AR. mod. 7. A. M. C.

375. Tête casquée de Pallas. Rev. Pégase à figure humaine; légende 120. Grand bronze. B. C.

376. Autre avec le signe 114 *bis* devant la tête de Pallas et une couronne au-dessus du Pégase GB. M. B. C.

377. Tête casquée de Pallas. Rev. ΕΜΠ. Taureau à face humaine. Obole d'argent, inédite. (Voyez pl. 2, n° 5.) T. B. C. Imitation des monnaies de Neapolis.

378. Tête de Cérès à gauche. Rev. Bœuf à droite surmonté de trois annelets Obole d'argent. T. B. C. Imitation des monnaies de Thurium. Inédite.

379. Tête variée de Pallas. Rev. EW au-dessus d'une chèvre. Obole d'argent, inédite (Voyez pl. 2, n° 6). T. B. C.

380. Même type des deux côtés avec la lettre E au-dessus de la chèvre. Obole d'argent. M. B. C.

381. Tête casquée de Pallas. Rev. ΜƎ sous une tête de lion. Obole d'argent, inédite. Planche 2, n° 7. T. B. C.

382. Autre semblable avec ME sous la tête du lion. Obole d'argent, mod. 4, T. B. C.

Toutes ces petites monnaies d'argent ont été trouvées aux environs de Rosas, ainsi que les suivantes, dont l'attribution me paraît moins certaine :

383. Tête de Vénus de face. Rev. Cupidon à cheval, courant à droite. Obole d'argent, inédite. (pl. 2, n° 8) T. B. C.

384. Autre à peu près semblable, de fabrication plus grossière; le cheval est à gauche. Obole. M. B. C.

385. Tête casquée à droite. Rev. Cupidon à cheval, galopant à droite. Obole d'argent, inédite (pl. 2, n° 9). B. C.

386. Tête casquée de Pallas. Rev. EM. Cheval courant à droite. Petit bronze inédit (Voyez pl. 2, n° 11). B. C. Tr. à Figueras.

387. Buste de Diane avec ses attributs; devant, *empor.* Rev. *MVNICI* (lég. 122). Pégase en course; au-dessus, une couronne. MB. B. C. Tr. à Figueras.

388. Tête casquée de Pallas. Rev. *empor.* Pégase en course au-dessous d'une couronne. MB. A. B. C.

389 Autre, avec dauphin et *DD* (*decreto decurionum*) en contre-marque. MB. A. B. C.

390. Deux autres variés dont l'un avec *DD* et la légende 123 au revers. MB. A. B. C. 2 pièces.

Ercavica (Santaver).

391. *augustus divi f.* Tête laurée d'Auguste. Rev. *mun. ercavica.* Bœuf à droite. MB. B. C. Rare. Tr. à Saragosse.

392. *ti. caesar divi augusti. f. augustus.* Tête laurée de Tibère. Rev. *c. cor. floro. l. cae. alacre. II. vir. mun. ercavica.* Bœuf à droite. MB. A. B. C.

393. *c. caesar aug. germanicus imp.* Tête laurée de Caligula. Rev. *c. ter. sura. l. lic. gracile. II. vir. mun. ercavica.* Bœuf mitré. MB. M. B. C.

Gili (peuplade des Astures).

394. Tête ornée d'un bandeau; derrière, une palme Rev. Cavalier portant une palme. Lég. 139 (De Saulcy, pag. 27, 30, 33, 35). MB. B. C.

Graccurris (Agreda).

395. *ti caesar divi aug. f. augustus.* Tête laurée de Tibère à droite. Rev. *municip. graccurris.* Bœuf mitré marchant à droite. MB. B. C. Rare.

Helmantica (Salamanca).

396. Tête barbue à droite; derrière, les deux lettres n° 124. Rev. Cavalier la lance en arrêt; légende 125 (1). Denier. AR. T. B. C.
397. Même type avec la légende 124 *bis* à l'avers et 126 au revers. AR. T. B. C. 2 pièces variées.
398. Deux autres avec les initiales 124 et les légendes n°s 125 et 127. AR. T. B. C.
399. Tête imberbe ornée d'un bandeau; derrière X Rev. Cheval libre; au-dessus, trois points (quadrans); légende 125. Très-petit br. mod. 6. T. B. C. Très-rare.
400. Tête barbue; derrière, un poisson. Rev. Cavalier la lance en arrêt; dans le champ, une étoile; légende 125. MB. B. C.

Hemeroscopium (ville des Contestans près Dénia).

401. Tête imberbe; derrière, un rameau. Rev. Cavalier portant une palme; lég. 128. Collection De la Torre, pl. 3, n° 4. MB. B. C.

Iba (Ibi près d'Alicante).

402. Tête barbue; derrière, les deux lettres n° 124. Rev. Cavalier la lance en arrêt; lég. 129. Collection De la Torre, pl. 2, n° 4. MB. M. C.

Ilduni (Cabanés près Castellon de la Plana).

403. Tête virile à gauche. Rev. Cavalier la lance en arrêt; légende n° 130. MB. A. M. C. Trouvée avec les deux précédentes près de Manzanarèz.

Ilercavonia et Dertosa (Amposta et Tortosa).

404. *ti. caesar divi aug. f. augustus.* Tête laurée de Tibère. Rev. *m. h. i. ilercavonia. dert.* Navire à la voile; dans le champ, une branche de laurier en contre-marque. (Mionnet, 1. 44. 328. — Florez, tab. 28, n° 9.) MB. B. C. Très-rare.

Ilerda (Lerida).

405. Tête virile entre trois poissons. Rev. Cavalier casqué portant une palme; lég. 131. GB. T. B. C.
406. Même type. Rev. Cheval libre; au-dessus, la marque : deux points (sextans); lég. 131. PB. B. C.
407. Tête virile, sans les poissons. Rev. Lég. 131 au-dessus d'une louve. MB. A. B. C. Tr. à Saragosse.
408. Tête barbare Rev. Louve courant à droite entre la légende n° 132. PB B. C. Rare.
409. Même tête Rev. Louve courant à droite; au-dessus, une étoile (sans légende). PB. M B. C. Inédite.
410. *imp. august. divi f.* Tête nue d'Auguste. Rev. *municip. ilerda.* Louve passant (Var. de Florez, tab. 54, n° 9). MB. B. C. — Autre, avec *ilerda* seulement. MB. M. C.

---

(1) Ces monnaies se rencontrent très-communément dans le centre de l'Espagne.

Ilergètes et **Pelendons** (peuples de la Tarragonaise).

411. Tête virile entre trois poissons. Rev. Cavalier galopant à droite, portant une palme ; légende 133 (de Saulcy, page 132). Denier d'argent. B. C. Très-rare.

412. Même tête ; derrière, un épi. Rev. Cavalier portant une palme ; lég. 134. GB. B. C. Rare.

413. Même tête et même revers avec une variante dans la légende. MB. M. C.

Ilici (Elche).

414. *augustus divi f.* Tête laurée d'Auguste. Rev. *q. papir. car. q. tere. mont. II. vir. c. i. il. a.* Temple sur le fronton duquel on lit : *iunoni.* PB. T. B C. Rare.

415. Même type Rev. *l. manlio. t. petron. II. vir. c. c. il. a.* Aigle légionnaire et Vexillum entre deux enseignes militaires. PB. B. C.

416. *ti. caesar. divi aug. f. aug. p. m.* Tête nue de Tibère. Rev. *l. ter. lon. l. pap. avit. II. vir. q. c. i. i. a.* Deux personnages en toge se donnant la main au-dessus d'un autel sur lequel on lit : *iunclio.* MB. T. B. C.

417. Même tête. Rev. *m. iulius settal. l. sosti. celer. II. vir. c. i. i. a.* Autel sur lequel on lit : *sal. aug.* MB. B. C.

418. Même tête avec la légende variée ; même type au revers. PB. mod. 9. B. C.

419. Même tête. Rev. *l. ter. lon. l. pap. avit. II. vir. q. c. i. i. a.* Vexillum entre deux aigles légionnaires. PB. T. B. C. Rare.

Jecsalim, Cypsela (san Felice de Guizols).

420. Tête virile à droite ; derrière un gouvernail. Rev. Cavalier portant une palme ; légende 134. (Etudes Ibériennes, pag. 112.) MB. B. C. Tr. à Lérida.

Kebnia (ville des Carpétans).

421. Tête virile entre un poisson et la lettre X. Rev. Cavalier la lance en arrêt ; lég. 135. (Collection de la Torre, var. du n° 2, pl. 4.) MB. T. B. C. Tr. à Tolède.

Kilins (peuple dont la capitale était Aquae Calidae, Orense).

422. Tête barbue entre une palme et un poisson. Rev. Cavalier la lance en arrêt ; lég. 136. (Collection de la Torre, pl. 7, n° 2.) MB. B. C.

Libora (Talavera la Reina).

423. Tête virile à droite. Rev. Cheval libre, au galop ; légende 137. de Saulcy, pag. 119. MB. B. C. Rare.

Limia (ville des Limiques près Braga).

424. Tête barbue entre un javelot et l'initiale de la légende 138. Rev. Cavalier la lance en arrêt ; légende 138. Collection de la Torre, pl. 5, n° 3. MB. T. B. C.

Nerebas, Narbases (entre le Douro et le Minho).

425. Tête barbue entre deux poissons et la lettre 140. Rev. Cavalier la lance en arrêt ; lég. 141. MB. B. C. Rare. (1). Voyez planche 2, n° 14.

Orisia (ville des Orétans).

426. Tête barbue ; derrière, le signe 140 *bis.* Rev. Cavalier la lance en en arrêt ; lég. 142. MB. B. C.

---

(1) Les monnaies à légendes, nos 129 *bis*, 137 et 141 *bis* existent dans la Collection de la Señora Viuda de D. Pablo Bosch de Barcelone.

427. Même type et même légende avec les deux lettres 143 derrière la tête. AR. M. B. C. Trouvée près de Manzanarèz.

Orospeda (Oropesa près Castellon de la Plana).

428. Tête virile entre un poisson et la lettre 143 *bis*. Rev. Cavalier la lance en arrêt; lég. 144. (Sestini, tab. 6, nº 18). MB. B. C. Rare.

Osca (Huesca).

429. Tête nue d'Auguste; dans le champ, *urb. vict.* Rev. *osca.* Cavalier la lance en arrêt: MB. T. B. C. Rare.

430. *ti. caesar augustus.* Tête laurée de Tibère. Rev. *quieto et peregrino. II. vir. v. v. osca.* Même type du cavalier. MB. T. B. C.

431. Même tête. Rev. *urbs vic. osca. d. d.* Cavalier la lance en arrêt. MB. B. C. Trouvé à Ocana.

Osicerda (Cherta près Tortosa).

432. OSI. Victoire passant. Rev. Eléphant à droite, foulant aux pieds un serpent; lég. 145. MB. (Oxydé, mais bien lisible.) Très-rare.

433. Tête casquée de Pallas. Rev. Taureau passant; au-dessus, lég. 146; autour, lég. 147 peu visible. (Velasquez, tab. 18, nº 8.). Rare denier d'argent trouvé à Carthagène.

Saguntum (Murviedro).

434. *sagunt. inv.* Tête casquée de Pallas. Rev. Proue de navire accosté d'un caducée; au-dessous, lég. 148. GB. B. C. Rare.

435. Même type frappé sur une monnaie celtibérienne semblable à celle que j'ai décrite dans le Catalogue de la Torre, nº 1132, pl. 8, nº 4.

436. Même tête; autour, lég. celtib. effacée. Rev. *sayu.* Proue et caducée. (Florez, tab. 40, nº 10.) GB. M. C.

437. Pétoncle. Rev. Dauphin et 3 points (quadrans); au-dessous, lég. 149. PB. B. C. Trouvé à Palma.

438. Même type. Rev Dauphin et croissant entre les initiales 150. Florez, tab. 41, nº 8. PB. A. B. C.

439. Même type. Rev. Dauphin entre les initiales nº 151. PB. A. B. C. Trouvé à Barcelona.

440. Même type. Rev Dauphin et croissant entre les lettres nº 152. Deux pièces trouvées à Barcelone.

441. Même type. Rev. Dauphin, initiale 153 et trois points. Florez, tab. 41, nº 7. PB. A. B C.

442. Même type. Rev. Dauphin entre *calpu?* et la lég. 148. PB. M. C. Trouvé à Valence.

443. Même type. Rev. Massue entre 2 poissons. — Autre, Dauphin et étoile. Trois pièces variées.

444. *ti caesar divi aug. f aug.* Tête nue de Tibère. Rev. *l. semp. gemino. l. val. sura. II. vir. sag.* Proue de navire avec *DD* en contre-marque. MB. B. C.

Savia (ville des Pelendones).

445. Tête virile nue; derrière, un sceptre. Rev. Cavalier portant une palme; lég. 154. Médaillon. Æ. 15. B. C.

446. Même tête entre un sceptre et les initiales nº 155. Rev. Cavalier portant une palme; lég. 154. MB. A. B. C.

447. Tête virile, ornée d'un bandeau; derrière, une palme. Rev. Cavalier la lance en arrêt; lég. 156. MB. T. B. C.

448. Même tête; derrière, les deux lettres 153 *bis*. Rev. Cheval bridé et croissant; lég. 154. PB. T. B. C. Rare.

Segisama (ville des Vaccéens).

449. Tête virile; derrière, un lion courant. Rev. Cavalier emportant un aigle légionnaire dont il tient la hampe sur le bras droit; lég. **157**. (Variété du nº 5, pl. 1, de la Collection de la Torre.) **MB. B. C.** Excessivement rare. Voyez planche **2**, nº **12**.

450. Tête variée entre deux poissons. Rev. Cavalier la lance en arrêt ; lég. **158. MB. T. B. C** Tr. à Tolède.

451. Deux autres monnaies du même type, dont l'une avec la lég. **159.** Deux pièces variées, tr. à Ségovie.

452. Tête virile entre un poisson et les initiales **155** *bis*. Rev. Cavalier portant une palme; lég. **157.** Deux pièces semblables en grand et moyen bronze. **A. B. C.**

453. Tête virile; devant, l'initiale nº **160**. Rev. Cheval bridé ; lég. **159. PB. A. B. C.** Rare.

Segobriga (Segorbe).

454. Tête imberbe, croissant et l'initiale **160** *bis*. Rev. Cavalier la lance en arrêt; lég. **161**. Denier d'argent. **T. B. C.**

455. Même tête entre un poisson et une palme. Rev. Comme ci-dessus; lég. **161. MB. B. C.** Tr. dans la Mancha.

456. Tête virile entre un poisson et une palme. Rev. Cavalier la lance en arrêt; lég. **162. MB. B. C.**

457. Deux autres de fabrique plus barbare, dont l'une avec la lég. **162. MB. A. B C.** Deux pièces variées.

458. *ti. caesar divi aug. f. august.* Rev. *segobriga* dans une couronne de chêne. **PB. B. C.** Rare.

459. *c. caesar aug. germanicus imp.* Tête laurée de Caligula. Rev. *segobriga* (lég. **164**) dans une couronne. **MB. T. B. C.**

460. Autre absolument semblable, mais en petit bronze. Æ. mod. 9. **B. C.** Très-rare.

Segontia (Siguenza).

461. Tête virile entre un soc de charrue et les initiales nº **165**. Rev. Cavalier la lance en arrêt; lég. **166. MB. B. C.** Trois monnaies semblables ont été trouvées en 1851 à Bujarabal près Siguenza 1).

Segovia (Segovia).

462. Tête barbue ; derrière, les deux lettres nº **165** *bis*. Rev. Cavalier la lance en arrêt ; lég. **167.** Denier d'argent. **T. B. C.** Trouvé à Saragosse en 1851.

463. Même tête ; derrière, deux poissons. Rev. Cavalier la lance en arrêt, étoile et croissant; lég. **168. GB. B. C.**

464. Autre semblable de type, mais en moyen bronze, avec la légende **167. MB. B. C.**

465. Tête nue et virile entre les initiales C—L (Civitas Libera). Rev. Cavalier la lance en arrêt; à l'exergue, SEGOVIA (lég. **169**). **MB. B. C.** Excessivement rare. Voyez planche **2**, nº **15**.

Sesaraca (ville des Murboges près Burgos).

466. Tête barbue ; derrière, les deux lettres nº **124**. Rev. Cavalier la lance en arrêt; lég. **170**. Denier d'argent. **B. C.** Très-rare.

467. Même tête ; derrière, un poisson. Rev. Cavalier la lance en arrêt, étoile; lég. **171. MB. B. C.**

468. Même tête ; derrière, deux initiales effacées. Rev. Pégase en course; lég. **170. PB. M. B. C.** Rare.

Setisacum (ville des Murboges).

469. Tête virile entre trois poissons. Rev. Cavalier portant une longue palme; lég. **173. MB. B. C.**

---

(1) Il en existe un autre exemplaire dans la belle Collection de mon excellent ami, D. Joaquin Rubio de Cadix.

470. Autre absolument semblable de type avec la lég. 174. MB. A. B. C. Trouvée à Ségovie.

Spalenses (peuplade des Accétans).

471. Tête virile entre trois poissons. Rev. Cavalier portant une longue palme; lég. 175. MB. B. C.

Tarraco (Tarragona).

472. Autel carré surmonté d'une palme et accosté des initiales : *c. v. t. t.* (Colonia Vixtrix Togata Tarraco). Bœuf marchant à droite. Petit bronze, mod. 7. T. B. C. Rare.

473. *c. v. t.* dans une couronne de laurier. Rev. Bœuf à droite. (Florez, tab. 45, n° 6.) PB. B. C. Très-rare.

474. *caesares.* Caïus et Lucius debout, soutenant un bouclier. Rev. *c. v. t.* Bœuf à gauche. PB. M. B. C.

475. *imp. caes. aug. tr. pot. pon. max. p. p.* Tête laurée d'Auguste. Rev. *ti. ca sar. c. v. t.* Tête nue de Tibère (1). Florez, tab. 54, n° 9. MB. B. C. Très-rare.

476. *divus augustus pater. c. v. t. t.* Tête radiée d'Auguste. Rev. *ti. caesar divi aug. f. augustus.* Tête laurée de Tibère. MB. T. B C.

477. *ti. caesar divi aug. f. augustus.* Tête laurée de Tibère. Rev. *aeternitatis augustae. c. v. t. t* Temple octostyle dédié à Auguste (2). Florez, tab. 45, n° 2. GB. mod. 15. T. B. C. Excessivement rare (3). Ce beau grand bronze a été trouvé à Lerida en 1851 ; c'est le plus bel exemplaire connu.

478. *ti. caes aug. pont. max. trib. pot.* Tête laurée de Tibère. Rev. *iul. augusta. drusus caes. trib. pot.* Têtes affrontées de Julie et de Drusus; dans le champ, *c. v. t.* (Mionnet, s. 1. 106. 614. — Florez, tab. 45, n° 4.) MB. T. B. C. Très-rare.

479. *ti. caes. divi. aug. f. aug. pont. max.* Tête nue de Tibère. Rev. *drusus. germanicus. caesares.* Têtes nues et affrontées de Germanicus et de Drusus; dans le champ, *c. v. t.* (Mionnet, s. 1. 106. 613. — Florez, tab. 45, n° 5.) MB. B. C. Rare.

Toletum (Toledo).

480. *celt. amb. ex. s. c.* Tête barbue à droite. Rev. *TOLE.* Cavalier au galop, la lance en arrêt. (Florez. tab. 45, n° 7.) MB. B. C. Très-rare. Voyez les monnaies d'Amba, n° 1, et la note qui y est relative.

481. Même tête, légende effacée. Rev. *TOLE.* Même type que ci-dessus. MB. M. B. C. Trouvée à Tolède.

482. CELT.... EX. S. C. Même tête. Rev. Légende effacée. Cavalier la lance en arrêt galopant à droite. GB. A. B. C.

Turbula (ville des Bastitans).

483. Tête virile entre un poisson et l'initiale n° 176. Rev. Cavalier la lance en arrêt; lég. 177. MB. T. B. C.

484. Même tête entre un poisson et les deux lettres 176 *bis.* Rev. Cavalier portant une palme; lég. 178. MB. B. C.

---

(1) Après la mort de Caïus et Lucius, petits-fils d'Auguste, Tibère fut adopté par ce dernier, et prit dès cette époque le nom de Tiberius Caesar, qui se trouve inscrit sur cette médaille destinée à rappeler cette adoption, qui eut lieu l'an **757** de Rome, 5 ans après J.-C.

(2) Les habitants de Tarragone, parmi lesquels Auguste avait longtemps séjourné, lui firent élever ce temple après sa mort, avec la permission de Tibère. De son vivant, on lui avait consacré, dans la même vile, un simple autel sur lequel naquit une palme. Ce monument est représenté sur le petit bronze n° 472.

(3) On connaît la rareté des grands bronzes avec la tête de Tibère ; indépendamment de son revers historique, celui-ci ne serait déplacé dans aucune série de monnaies impériales.

Turiaso (Tarazona).

485. *imp. augustus p. p.* Tête laurée d'Auguste. Rev. *turiaso.* Tête de Livie à droite, la chevelure tressée en diadème avec deux nattes retombant par derrière. (Florez, tab. 46, n° 10.) MB. B. C. Très-rare.

486. Tête de Livie, femme d'Auguste, sous les traits de la Paix, avec une couronne d'olivier; devant, *silbis.* Rev. *turiaso.* Auguste à cheval, la main droite levée, se dirigeant vers la gauche. (Florez, tab. 46, n° 9.) MB T. B. C. Excessivement rare.

487. *imp. augustus p. p.* Tête laurée d'Auguste. Rev. *mun.* dans une couronne de chêne; à l'exergue, *turiaso.* (Florez, tab. 46, n° 12.) MB. T. B. C.

488. Même légende et même type en petit bronze. (Florez, tab. 47, n° 5.) PB. mod. 9. B C. Rare.

489. *imp augustus pater patriae.* Tête d'Auguste. Rev. *mun. turiaso. l. mario. l. novio* en légende circulaire; dans le champ, *II. vir.* au milieu d'une couronne civique. MB. A. B. C.

490. *ti. caesar august. f. imperat.* Tête laurée de Tibère à droite. Rev. *c. caec. sere. m. val. quad. II. vir. mu. tur.* Bœuf à droite. MB. B. C.

491 *ti. caesar aug. f. imp. pont. m.* Tête laurée de Tibère. Rev. *mu. tur.* au-dessus d'un bœuf, autour, *m. pont. marso. c. mari. vegeto. II. vir.* MB. B C.

492. Même légende, même type, avec une tête d'aigle en contre-marque. MB B. C.

493. Même légende, même tête. Rev. *mu. tur.* au-dessus d'un bœuf; autour, *l. caec. aquin. m. cel. palud. II vir.* MB. B C.

494 Même tête. Rev. *mun. turiaso. mu. sulp. lucan. m. semp. front. II vir.* Couronne de chêne. Très-gr. moy. br. mod. 14. B. C.

Turuptiana (ville des Callaïques Lucenses).

495. Tête barbue entre les trois lettres n° 179. Rev. Cavalier la lance en arrêt; lég. 180. Denier d'argent. T. B. C

496. Même tête; derrière, un poisson et la lettre n° 10. Rev. Comme ci-dessus; lég. 181. MB. A B. C. Trouvée à Avila.

Valentia (Valencia).

497. *l. corani. c. numi. q.* Tête casquée de Pallas. Rev. *valentia.* Foudre et corne d'abondance en sautoir dans une couronne de myrte. (Mionnet, s. 1. 111. 6. 37.) GB. A. B. C. Rare. (1) Trouvée à Alicante.

Ebusus (isla de Ibiza).

498. Divinité en pied et de face, la tête couverte d'une espèce de lotus, tenant une palme et une baguette. Rev. Taureau marchant à gauche. Denier d'argent. B. C. Inédit.

499. Même divinité de face; dans le champ, une palme et les deux lettres phéniciennes n° 182. Rev. Inscription phénicienne en deux lignes n° 183. Æ. mod. 9. B. C.

500. Même type avec les deux lettres phéniciennes n° 184 dans le champ. MB. A. B. C.

501. Même type avec la légende phénicienne n° 185 au revers. Æ. mod. 10. M. B. C. (2).

---

(1) On sait que le grand bronze décrit par Florez, tom. II, pag. 611, tab. 48, n° 4, comme appartenant à Valencia d'Espagne, a été dès longtemps restitué à Vienna, de la Gaule Narbonnaise. Cette médaille, qui figure dans la plus grande partie des Collections françaises, est introuvable en Espagne.

(2) La plupart de ces monnaies proviennent des îles Baléares. On en rencontre aussi à Málaga et Cadiz. J'en avais un grand nombre que j'ai échangées en parcourant l'intérieur de l'Espagne, où elles sont très-rares.

302. Autre avec une palme dans le champ et la légende **186** au revers. Æ. mod. **9. A. B. C.**

503. Même divinité tenant un marteau; dans le champ, un caducée. **Rev.** Autre divinité de face. Très-petit bronze inédit. mod. **6. A. B. C.** Deux pièces variées.

504. Tête nue à droite. **Rev.** Même divinité debout; inscription peu visible. Æ. **10.** Trouvée à Iviça.

Incertaines de la Tarragonaise.

505. Tête barbare : derrière, la légende **187. Rev.** Cavalier la lance en arrêt; lég. **188. MB. B. C.** Inédite.

506. Même tête; derrière, un soc de charrue. **Rev.** Cavalier à droite; lég. **189** (1). **MB. A. B. C.** Trouvée à Girona.

507. Tête virile ornée d'un collier; derrière, les deux lettres **165** *bis*. **Rev.** Cavalier la lance en arrêt; lég. **190.** (Collection de la Torre, pl. **7,** nº **4.**) **MB. B. C.**

508. Buste juvénil; derrière, les deux initiales nº **94. Rev.** Cheval libre; lég. **191.** (Collection de la Torre, pl. **4,** nº **6.**) **PB. B. C.** Très-rare.

509. Même buste juvénil. **Rev.** Chien marchant à droite; au-dessus, trois points (quadrans); à l'exergue, la lég. nº **192.** Très-petit br. inédit. mod. **6. A. B. C.** Trouvé à Santarem. Voyez planche **2,** nº **16**

510. Tête virile entre deux poissons. **Rev.** Cavalier la lance en arrêt; lég. **193. MB. A. B. C.** Inédite.

511. Même tête; derrière, l'initiale nº **194. Rev.** Cavalier portant une palme; lég. **195.** (Collection de la Torre, pl. **8,** nº **5.**) **MB. B. C.** Très-rare.

512. Même tête entre un poisson et les deux lettres **194** *bis*. **Rev.** Cavalier la lance en arrêt; lég. **196 MB B. C.** Inédite.

513. Même tête; derrière, les deux lettres nº **94. Rev.** Taureau passant. **PB. B C.** Deux pièces trouvées à Lérida.

514. Même tête entre deux poissons. **Rev.** Cavalier la lance en arrêt; lég. **197. MB. A. B. C.** Trouvée à Tolède.

515. Tête barbue; devant, un poisson. **Rev.** Cheval libre; dans le champ, les deux lettres nº **198** et deux points (sextans). (Collection de la Torre, pl **7,** nº **1.** PB. T. B. C.**

516. Tête barbare. **Rev.** Cheval marin, 3 points et la seconde lettre du nº **198. PB. B C.** Inédit.

517. Tête barbue; derrière, M. **Rev.** Cavalier la lance en arrêt; lég. **199. MB. M. C.** Deux pièces tr. à Caceres.

518. Tête virile; devant, la lég. nº **200. Rev.** Cavalier brandissant un épieu; lég. **201. MB. A. B. C.** Inédite.

519. Tête imberbe; derrière, les deux lettres **94. Rev.** Taureau; au-dessus, la lég. **202. PB. A. M. C.**

520. Tête virile. **Rev.** Taureau à face humaine; au-dessus, une couronne; à l'exergue, lég. celtibère peu visible. **MB. M. C.**

521. Quatre monnaies celtibériennes, types rares ou inédits, dont les légendes sont incomplètes. **MB. M. C.**

Monnaies romaines relatives à l'Espagne.

522. *hispani.* Tête voilée de l'Espagne. **Rev.** Personnage en toge, levant la main droite vers une aigle romaine; derrière, des faisceaux consulaires. Denier d'argent.

523. *m. poblici. leg. pr.* Tête casquée. **Rev.** *cn. magnus imp.* Cneius Pompée debout sur une proue de navire, présentant une palme à une femme armée de flèches, personnifiant l'Espagne. Denier d'argent.

---

(1) J'ai vu un autre exemplaire de cette monnaie parmi quelques celtibériennes, trouvées dans la localité, que possède D. José Pereita, capellan, calle de Contamina, **50,** en Zaragoza.

524. *hadrianus aug. cos. III. p. p.* Tête nue d'Hadrien. Rev. *adventui aug. hispaniae. s. c.* L'Espagne debout sacrifiant sur un autel pour l'arrivée de l'Empereur qui est debout devant elle ; à ses pieds, un taureau couché. GB. B. C. Trouvé à Evora en Portugal.

525. Même tête Rev. *restitutori hispaniae. s. c.* L'Empereur debout, relevant l'Espagne qui est agenouillée devant lui et qui tient une branche d'olivier. GB. B. C. Trouvé à Saragosse.

526. Même tête. Rev. *hispania.* Femme assise, personnifiant l'Espagne, tenant une branche d'olivier. Denier d'argent trouvé à Valence.

527. Statuette en bronze de travail très-barbare, représentant l'Isis Popular's des Celtibères. Haut. 9 cent. Elle a été trouvée avec quelques monta.es celtibériennes près de Manzanarez.

Parties d'As et deniers consulaires avec lettres celtibériennes (1).

528. Double tête de Janus surmontée de la marque I (as). Rev. Proue ; lég. celtibero-latine n° 203. GB. B. C.

529. Tête barbue et casquée de Mars ; derrière, S (semis). Rev. Proue surmontée d'un S ; lég. n° 204. I B. T. B. C.

530. Même type, avec la légende n° 205. PB. A. B. C. Trois autres semis variés. Quatre pièces.

531. Tête laurée de Jupiter ; derrière, S (semis). Rev. Proue ; légende n° 206. PB. T. B. C.

532. Même tête ; derrière, S. Rev. Proue de navire ; légende n° 207. PB. B. C. Très-rare.

533. Tête laurée de Jupiter à gauche ; derrière, S. Rev. Proue de navire ; lég. 208. MB. B. C.

534. Même tête à droite. Rev. Proue de navire surmontée d'un S ; à l'exergue, la lég. n° 209. PB. M. C.

535. Tête casquée de Pallas ; au-dessus, 4 points (triens). Rev. Proue et 4 points ; lég. n° 210. PB. B. C. Rare.

536. Même tête. Rev. *q. marc. libo.* Proue de navire ; au-dessous, lég. 208. MB. A. B. C. (famille Marcia).

537. Tête de Mercure avec le pétase. Rev. Proue ; au-dessus, lég. n° 208. T. B. C. (uncia).

538. Denier d'argent de la famille Junia, type des Dioscures, avec *c. iuni. c. f.* et la lég. 211. AR. T. B. C.

539. *dito*, de la famille Julia, type de l'éléphant, avec la contremarque n° 212. AR. B. C.

540. *dito*, de la famille Marcia, type des Dioscures, avec *q. marc* et la lég. 211. AR. T. B. C. (2).

---

(1) Ces monnaies, qui sont signalées pour la première fois, ont été trouvées en différentes localités de l'Espagne, mais principalement en Andalousie ; elles devront servir à bien déterminer la forme de l'A celtibérien.

(2) Me proposant de publier très-incessamment deux petits ouvrages sur la numismatique espagnole, dans l'un desquels je donne de minutieux renseignements sur les Musées et Collections de médailles, antiquités et objets d'art existant en Espagne et en Portugal, et par suite la description de toutes les monnaies rares ou inédites que j'ai pu rencontrer, je vais seulement indiquer quelques-unes de ces légendes ainsi que les Collections dont elles font partie ; ce sont : légendes n°s 213 à 222 (D. Manuel Vidal Ramon, à Barcelona). — N°s 223, 224 (D. Magin Pedrosa, à Sevilla). — N° 225 (D. Joaquin Rubio, à Cadiz). — N° 226 (D. Federico Valera, capitaine au 3e régiment d'artillerie). — N°s 227 à 231 (D. Manuel Cerda, à Madrid). — N° 232 (D. Ramon, à Zaragoza). — N°s 233 à 235 (D. Eduardo Sanchez, à Sevilla) — N°s 236 à 237 sur les debris de poteries antiques trouvés avec d'autres sur lesquels on lit : CIN.C.F. — COM.F. — C.VAL.F., tous recueillis par D. Fermin de Clemente, à Cadiz.

541. Deux autres deniers variés, sans nom de famille, avec la légende n° 211. AR. B. C.

ITALIA.

542. ROMA. Tête laurée d'Apollon à droite. Rev. ROMA. Cavalier en course. Æ. mod. 7. B. C.

543. NEAPOLIS. Tête de Parthénope. Rev Taureau à face humaine, couronné par la Victoire. Æ. 7. A. B. C.

544. SUESSA. Tête de Minerve à gauche. Rev. SUESANO. Coq et astre. Æ. mod. 8. B. C.

545. TARENTUM. TAPAΣ. Le héros Taras sur un dauphin. Rev. ΣΙ Cavalier armé d'une lance; à l'exergue, inscription en caractères inconnus. AR. 9. B. C.

546. Taras sur un dauphin armé d'un trident et d'une corne d'abondance; lég. TAPAΣ. Rev. Cavalier couronné par la Victoire. AR. 9. T. B. C.

547. Même type. Rev. Femme nue assise à gauche. AR. mod. 8. M. C.

548. Tête de la nymphe Satyra. Rev. Cavalier couronnant son cheval; dauphin AR. 8. B. C.

549. HERACLEA. Tête de Minerve. Rev. ΔΙ Hercule étouffant le lion de Némée AR. 4 B C

550. METAPONTUM MET. Épi en relief. Rev. Même type en creux (1). AR. mod. 8. T. B. C.

551. Autre de plus grand module avec un lézard dans le champ. AR. mod. 9. B. C.

552. THURIUM. Tête de Minerve. Rev. ΘΟΥΡΙΩΝ. Bœuf à droite. AR. mod. 7. B C.

553. Même type et même légende, de très-petit module. AR. mod. 4. A. B. C.

554. VELIA. Tête de Pallas, le casque orné d'un griffon. Rev. ΓΕΛΗΤΩΝ. Lion. AR. 9. B C.

555. BRUTIUM. Tête d'Hercule. Rev. BPETTIΩN. Pallas saisissant ses armes. Æ. 11. T. B. C.

556. Tête de Mars. Rev. Même type avec une grappe de raisin dans le champ. Æ. 11. T B. C.

557. Même tête. Rev. BPETTIΩN. Victoire couronnant un trophée. Æ. mod. 11. T. B. C

558. Tête de Junon. Rev. BPETTIΩN. Jupiter dans un bige. Æ. mod. 6. M B. C

559. CROTON. KPO. Trépied en relief près d'une cigogne. Rev. Trépied en creux. AR. 9 B. C. Rare.

560 RHEGIUM. Tête laurée d'Apollon. Rev. Mufle de lion. (beau style). Æ. 8. T. B. C.

561. Têtes accolées des Dioscures. Rev. PHΓINΩN III. Minerve debout, armée. Æ. 6. B. C.

562. Tête de Diane. Rev. PHΓINΩN. Lyre. Æ. mod. 6. B. C.

563. TERINA. TEPINAIΩN. Tête de Nymphe à gauche. Rev. Victoire assise. AR. 8. A. B. C.

Sicilia.

564. AGRIGENTUM. AKPA. Aigle debout. Rev. AΣ. Crabe. AR. mod. 8. flan épais. B. C.

565. Même type de très-petit module et de belle conservation. AR. mod. 3.

566. GELAS. Bœuf à mi-corps et à face humaine; au-dessus, CEΛAΣ.

---

(1) On sait que les monnaies grecques, dont le sujet est frappé en creux, sont considérées comme les plus anciennes.

Rev. Figure conduisant un bige couronné par la Victoire. Médaillon
d'argent, mod. 12. B. C. Très-rare.

567. Même type; au-dessus, CEAA. Rev. Cavalier galopant à droite. AR.
mod. 8. B. C.

568. LEONTINI. Tête de lion entre quatre grains d'orge; autour, ΛΕΟΝΤΙΝΟΝ.
Figure dans un bige couronné par la Victoire. Médaillon. AR. 9. A. B. C.
Rare.

569. LILYBAEUM. Tête laurée d'Apollon. Rev. ΛΙΛΥΒΑΙΤΑΝ. Lyre. Æ.
mod. 8. A. B. C.

570. MAMERTINI. Même tête. Rev. ΜΑΜΕΡΤΙΝΩΝ. Dioscure près de son cheval. Æ. 11. A. B. C.

571. MESSANA. ΜΕSSΑΝΙΩΝ. (sic), lég. 242. Lièvre en course. Rev. Figure
dans un bige couronné par la Victoire. Médaillon. AR. 12. B. C. Rare.

572. ΜΕΣΣΑΝΙΟΝ. Lièvre en course. Rev. Même type. Médaillon. AR. 10.
M. B. C.

573. SYRACUSAE. Tête laurée d'Apollon. Rev. ΣΥΡΑΚΟΣΙΩΝ. Lyre. Or.
mod. 4. B. C. Rare.

574. Tête de Proserpine entre quatre poissons. Rev. ΣΥΡΑΚΟΣΙΩΝ. Figure
dans un quadrige; au-dessus, la triquetra. Médaillon d'argent, mod. 11.
B. C.

575. ΣΥΡΑΚΟΣΙΩΝ. Tête de la nymphe Aréthuse entre quatre poissons. Rev.
Figure conduisant un bige couronné par la Victoire. AR. mod. 9. T. B. C.

576. ΣΥΡΑΚΟΣΙΩΝ. Tête de Cérès entre trois poissons. Rev. Pégase en
course. AR. 6. A. B. C.

577. Même légende. Tête de Minerve à droite. Rev. Pégase en course.
AR. 9. T. B. C.

578. ΣΥΡΑ. Tête de la nymphe Aréthuse. Rev. Sèche ou polype. AR. 4.
B. C.

579. ΣΥΡΑΚΟΣΙΩΝ Tête d'Hercule à gauche. Rev. Pallas combattant. Æ.,
mod. 9. B. C.

580 Trois monnaies de Syracuse en bronze, avec des types variés. Æ. 5.6.8.

Tyrans de Sicile.

581. HIERO II (269 à 215 av. J.-C.). Tête diadémée d'Hiéron. Rev. ΙΕΡΟΝΟΣ.
Cavalier au galop. Æ. 10. A. B. C.

582. HIERONYMUS (215 à 214 av. J.-C.). Tête diadémée d'Hiéronyme.
Rev. ΒΑΣΙΛΕΩΣ ΙΕΡΟΝΥΜΟΥ. Foudre. Æ. 9. A. B. C. Rare.

583. PHINTIAS D'AGRIGENTE (280 av. J.-C.). Tête de Phintias. Rev.
ΒΑΣΙΛΕΩΣ ΦΙΝΤΙΑΣ. Sanglier. Æ. 8. A. B. C.

Iles voisines de la Sicile.

584. COSSURA, Tête voilée portant en contre-marque : un coq, une hiron-
delle et le mot REC. Rev. COSSURA. Dans une couronne. Æ. 11. Trouvée dans l'île de Majorque.

585. GAULOS. Tête voilée. Rev. Inscription phénicienne entourant un
trépied. Æ. 7. A. B. C. Tr. à Cadix.

586 MELITA. Buste d'Issis à gauche; lég. ΜΕΛΙΤΑΙΩΝ. Rev. Génie ailé de
face. Æ. 11. B. C.

Thracia.

587. ABDERA. Griffon accroupi à gauche. Rev. Tête de bœuf dans un
carré creux. (Mionnet, 1. 364. 1). AR. 4. B. C. Très-rare. Trouvée à
Barcelona.

Rois de Thrace.

588. LYSIMACHUS (324 à 282 av. J.-C.). Tête de Lysimaque ceinte du
diadème et portant la corne du bélier. Rev. ΒΑΣΙΛΕΩΣ ΛΙΣΙΜΑΧΟΥ. Pallas Ni-
cephore assise. Beau médaillon d'argent. mod. 12. T. B. C.

Macedonia.

589. Tête de Diane sur le bouclier macédonien. Rev. ΜΑΚΕΔΟΝΩΝ ΠΡΩΤΗΣ. Massue et monogramme dans une couronne de chêne. Grand médaillon d'argent, mod. 13. T. B. C

590. AMPHIPOLIS. Tête de Méduse de face. Rev. ΑΜΦΙΠΟΛΙΤΩΝ. Pallas debout. Æ. mod. 10. A. B. C.

591. Tête de Jupiter. Rev. ΑΜΦΙΠΟΛΙΤΩΝ. Pallas debout et armée. Æ. mod. 10. M. B. C.

592 THESSALONICA. Tête tourrelée de femme. Rev. ΘΕΣΣΑΛΟΝΙΚΗΣ. Galère. Æ. 6. B. C.

Rois de Macédoine.

593. ALEXANDER MAGNUS (336 à 324 av. J.-C.). Tête casquée de Pallas. Rev. ΑΛΕΞΑΝΔΡΟΥ. Victoire debout tenant une couronne; dans le champ, un serpent. Statère d'or. T. B. C.

594 Tête d'Alexandre couverte de la peau du lion. Rev. ΑΛΕΞΑΝΔΡΟΥ. Jupiter Aétophore assis. Médaillon d'argent. mod. 12. T. B. C.

595. Même tête dans un grènetis. Rev. ΑΛΕΞΑΝΔΡΟΥ ΚΡΑΤΩΝ. Jupiter Aétophore assis près d'un sphinx accroupi sur une amphore. Médaillon d'argent. mod. 13. B. C.

596. PHILIPPUS ARIDEAEUS (324 à 317 av. J.-C.). Tête diadémée de Philippe. Rev. ΦΙΛΙΠΠΟΥ. Cavalier à droite; dans le champ, A. (frappée à Abydus). AR. 5. B C.

597. ANTIGONUS (294 à 292 av. J.-C.). Tête d'Hercule. Rev. ΑΝΤ. Cavalier à droite. Æ. 7. A B. C.

598. PERSEUS (178 à 168 av. J.-C.). Tête diadémée à droite. Rev. Lion et massue. Æ. 10. M. B. C.

Corcyra, insula.

599. AKA. ΓΕΠ. ΣΕΒΗΡΟΕ. Π. Σ Tête laurée de Septime Sévère Rev. ΚΟΡΚΥΡΑΙΩΝ. Pégase. Æ. 11. T. B. C.

Acarnania.

600. ANACTORIUM. Tête de Minerve; derrière, *API* et ancre. Rev. Pégase en course. AR. 8. B. C.

Attica.

601. ATHENAE. Tête casquée de Pallas. Rev. ΑΘΕ. Chouette de face près d'une branche d'olivier. Médaillon. AR. 9. B. C. flan très-épais.

602. Même tête à gauche. Rev. Chouette de face, ΣΙΣ dans le champ. AR. 6. B. C. Type rare.

603. *aegina, insula.* Tortue de mer. Rev. Aire en creux. Deux pièces d'argent. mod. 4 et 2. B. C.

604. Deux dauphins séparés par la lettre A. Rev. Aire divisée en 5 parties inégales. Æ. 4. B. C.

Achaia.

605. PATRAE ACHAIAE. Tête laurée de Jupiter. Rev. Monogramme achéen dans une couronne. AR. 6. T. B. C.

606. CORINTHUS. Tête de la liberté coiffée du bonnet. Rev. Pégase en course. AR. 5. B. C.

Arcadia.

607. PHENEUS. Tête de Mercure. Rev. ΞΦ. Cheval courant; au-dessus, un caducée. Æ. 5. B. C. Très-rare.

Argolis.

608. ARGOS. Partie antérieure d'un loup. Rev. Grand A accosté des lettres H et P. et d'une massue. AR. 6.

Creta, insula.

609. Tête laurée d'Adrien. Rev. KOINON KPHTΩN. Higiée debout tenant
une patè e. Æ. 7. B. C.
610. CNOSSUS Buste de Diane. Rev. KNΩΣIΩN. Arc et carquois attachés
à une colonne. Æ. 10. A B. C.

Insulae Europaea.

611. SIPHNUS. Colombe au repos. Rev. Figure nue debout. AR. mod. 3.
A. B. C. Rare. Quatre monnaies frappées dans les îles de Ceos, Siphnus,
Syrus et Tenus. Æ. 5. 6. 7.

Rois de Bithynie.

612. PRUSIAS I. Tête diadémée de Prusias. Rev. BAΣIΛEΩΣ ΠPOYΣIOY.
Hercule debout. Æ. 7. B. C. Rare.
613. PRUSIAS II. Tête de Bacchante. Rev. Même légende. Centaure jouant
de la lyre. Æ 8. M. B C.
614. PRUSIAS AD MARE. Tête laurée d'Apollon. Rev. ΠPOYCIEΩN.
Proue de navire. (Mionnet, 2. 491. 435). AR. 5. B. C. Très rare.

---

615. Trois monnaies variées de types, des rois du Bosphore. Æ. mod. 7 et
8. A. B. C.

Mysia.

616. PARIUM. Double tête imberbe. Rev. ΠA. Tête de Minerve. AR. mod.
4. A. B. C.
617 Tête de Méduse de face. Rev. ΠAPI. Chouette de face. Æ, 6. B. C.

Aeolis.

618. ELAEA. KAICAP KOMMOΔOC. Tête de Commode. Rev. EΛAITOΩN.
Corbeille de fruits. Æ. 5. B C. Rare.

Ionia.

619. MAGNESIA. Tête casquée. Rev. MAΓNHTON. EYKAH. Cavalier au
galop. Æ. 8. A. M. C.
620. SMYRNA. Tête tourrelée. Rev. IAΣH. ΣMYPNAIΩN. Femme debout
près d'une colonne. Æ. 6. B C.
621. CHIOS. Sphinx accroupi près d'une amphore (diota). Rev. Aire en
creux. (Mionnet, 3. 266 pl. 44, 1). Monnaie d'argent de très ancien
style. AR. 7. T. B C. Rare.
622. SAMOS. Tête d'Alexandre Sévère. Rev. CAMIΩN. Fleuve couché. Æ.
mod 9. A. B. C.
623. Tête nue de Philippe II. Rev. CAMIΩN. Athlète vainqueur debout.
Æ. 9. B. C.
624. Tête d'Etruscille. Rev. CAMIΩN. La Fortune debout. Æ. mod. 13. B. C.
625. Tête laurée de Gallien. Rev. CAMIΩN. Junon - Pronuba debout. 2
exempl. variés. Æ. 9. 11. B. C.

Caria.

626. CNIDUS. KNIΔIΩN. Tête de lion. Rev. Tête de nymphe à droite. AR.
6. A. B C.
627. RHODUS, INSULA. Tête du Soleil de face. Rev. Fleur du balaustium.
AR. 8. B. C.

Rois de Cappadoce.

628. ARIARATHES VIII PHILOMETOR (117 à 105 av. J.-C.). Tête dia-

démée d'Ariarathes. Rev. ΒΑΣΙΛΕΩΣ ΑΡΙΑΡΑΘΟΥ ΦΙΛΟΜΗΤΟΡ. Pallas
debout; à l'exergue, I (an 9). AR. 7. B. C. Rare.

629. ARIOBARZANES I PHILOROMAEUS (91 à 58 av. J.-C.). Tête diadémée d'Ariobarzanes. Rev. ΒΑΣΙΛΕΩΣ ΑΡΙΟΒΑΡΣΑΝΟΥ ΦΙΛΟΡΟΜΑΙΟΥ.
Pallas debout. AR. 7. B. C. Rare.

630. ARIOBARZANES III PHILOMAEUS (52 à 42 av. J.-C.). Tête barbue
du roi. Rev. ΒΑΣΙΛΕΩΣ ΑΡΙΟΒΑΡΣΑΝΟΥ ΦΙΛΟΡΟΜΑΙΟΥ ΕΥΣΕΒΟΥΣ.
Pallas debout. AR. 7. B. C. Très-rare.

Rois de Syrie.

631. DEMETRIUS I SOTER (163 à 151 av. J.-C.). Tête diadémée de
Démétrius. Rev. ΒΑΣΙΛΕΩΣ ΔΗΜΗΤΡΙΟΥ ΣΩΤΗΡΟΣ. Femme assise tenant
un sceptre et une corne d'abondance; à l'exergue, ΗΝΡ (an 158 de l'ère
syrienne). Grand médaillon d'argent, mod. 11. T. B. C. Très-rare.

632. ALEXANDER I BALA (151 à 146 av. J.-C.) Tête diadémée d'Alexan-
dre Bala. Rev. ΒΑΣΙΛΕΩΣ ΑΛΕΞΑΝΔΡΟΥ ΘΕΟΠΑΤΟΡΟΣ ΕΥΕΡΓΕΤΟΥ.
Jupiter Nicéphore assis. Beau médaillon d'argent, mod. 11. T. B. C.
Très-rare.

633. DEMETRIUS II NICATOR (146 à 126 av. J.-C.). Tête diadémée de
Démétrius II. Rev. ΒΑΣΙΛΕΩΣ ΔΗΜΗΤΡΙΟΥ. Femme assise tenant un
sceptre et une corne d'abondance. Médaillon d'argent, mod. 13. T. B.
C. Très-rare.

634. Autre médaillon varié, frappé à Tyr en Phénicie. AR., mod. 11 (troué).
M. B. C.

635. ANTIOCHUS VII EVERGETES (138 à 127 av. J.-C.). Tête diadémée
d'Antiochus. Rev. ΒΑΣΙΛΕΩΣ ΑΝΤΙΟΧΟΥ ΕΥΕΡΓΕΤΟΥ. Pallas debout
dans une couronne. Médaillon d'argent, mod. 13. B. C.

636. Quatre monnaies de Démétrius I, Démétrius II, Alexandre II et Antiochus VIII. Æ. 7-8. A. B. C.

Commagene.

637. ZEUGMA. ΑΥΤΟΚ. Κ. Μ. ΙΟΥΛΙ ΦΙΛΙΠΠΟC CEB. Tête laurée de Philippe père. Rev. ΖΕΥΓΜΑΤΕΩΝ. Autel sur un monticule; au-dessous,
un capricorne. Æ. 12. B. C.

Seleucis.

638. ANTIOCHIA COLONIA. Buste radié de Philippe père. Rev. ΑΝΤΙΟ-
ΧΕΩΝ ΜΗΤΡΟΚΟΛΩΝ Α. Ε. S. G. Tête tourrelée, surmontée d'un bélier
(Mionnet, 5 208, 484). Æ. 12. B. C.

Phœnice.

639. SYDON. Tête voilée et tourrelée de femme. Rev. ΣΙΔΩΝΟΣ ΘΕΑΣ,
Char d'Astarté. Æ. 10.

640. Tête de Domitien. Rev. ΣΙΔ. Astarté dans un char traîné par deux
Centaures. Æ. 13. B. C.

641. Tête d'Héliogabale. Rev. SID. COL. METR. Europe sur un taureau.
Æ. 10. 2 exempl. variés.

Judaea.

642. ASCALON. Tête laurée de Vespasien. Rev. ΑΣΚΑ. Figure militaire
debout. Æ. 7. A B. C.

Princes et rois de Judée.

643. SIMEON. Vase à deux anses. Rev. Feuille de vigne. Æ. 6-7. Deux
exempl. variés.

644. JEAN HYRCAN. Inscription dans une couronne. Rev. Verge d'Aaron
terminée par trois fleurs. Æ. 6

645. HÉRODE ARCHÉLAUS. Grappe de raisin. Rev. ΕΘΝΑΡΧΟC. Casque
à la longue crinière. Æ. 6. A. B. C.

646. HÉRODE, TÉTRARQUE DE CHALCIS. BAΣI. Casque. Rev. Taberna-
culum. Æ. 7. Deux exempl. B. C.
647. AGRIPPA II. Tête à droite. Rev. ᴌΔ. Trois épis liés ensemble. Æ.
6. A. B. C.
648. Quatre monnaies incertaines et autres frappées en Judée.

Rhesaena.

649. Tête laurée de Caracalla. Rev. KOΔ PHCAINHCIΩN. Femme tourrelée,
assise sur un rocher (Vaillant, 123, tom. 2). Æ. 11.
650. Talisman hébraïque, de très-ancien style, avec le nom de Dieu douze
fois répété et celui des anges Gabriel, Uriel, Michel et Raphael, etc.,
etc. Æ. mod. 14. B. C. Tr. à Séville.
651. Autre talisman hébraïque, avec le nom des anges et d'autres génies,
contenus dans une longue inscription formée de neuf légendes circulaires. Æ. mod. 22. B. C. Trouvé à Lisbonne.
652. Sceau hébraïque. Au milieu, un génie debout tenant une branche
d'olivier ; autour, une inscription juive. Le tout est gravé en creux.
Diam. mod. 5. Long. 20 T. B. C. Tr. à Barcelona. Très-rare.

Rois d'Égypte.

653. PTOLEMAEUS I SOTER. Tête diadémée. Rev. ΠΤΟΛΕΜΑΙΟΥ ΒΑΣΙ-
ΛΕΩΣ. Aigle sur un foudre; dans le champ, P et MA (monogr. de Magas,
roi de Cyrénaïque). AR. 11. T. B. C.
654. PTOLEMAUS II. Tête diadémée. Rev. Même type, avec ΔI dans le
champ. AR. 10. B. C.
655. PTOLEMAEUS V. Buste diadémé, la chlamyde sur l'épaule. Rev.
ΠΤΟΛΕΜΑΙΟΥ ΒΑΣΙΛΕΩΣ. Aigle sur un foudre. Æ. 7. B. C.
656. PTOLEMAEUS VII. Tête de Jupiter Ammon. Même type que ci-
dessus. Médaillon. Æ. 15. T. B. C.
657. CLÉOPATRA. Tête de Cléopâtre. Rev. Aigle sur un foudre. Æ. mod.
8, M. B. C.
658. PTOLEMAEUS VIII et IX. Tête de Jupiter Ammon. Rev. Deux aigles
sur un foudre. Médaillon. Æ. 18. A. B. C.
659. Douze monnaies impériales variées, frappées à Alexandrie. Bronze
et potin.

Cyrenaïca.

660. ΔΕΜΑΡΧ ΕΞΥΠΑΤ. Γ. Tête de Jupiter Ammon. Rev. ΑΥΤ. ΚΑΙΣ.
ΝΕΡ. ΤΡΑΙΑΝ. ΣΕΒ. ΓΕΡΜ. Tête laurée de Trajan. Quinaire d'argent ,
mod. 6. T. B. C. Tr. à Tavira.

Syrtica.

661. LEPTIS MAGNA (1). *col. vic. iul. lep.* Tête de Mars. Rev. *p. salpa.
m. fulvi. pr.* II. *vir.* Bœuf cornupète (Mionnet, 6. 575. 2.). Æ. 14.
A. B. C.
662. *c. v i. l. pr.* II. *vir.* Tête diadémée de femme. Rev. *c. balbo. l. porcio.*
Bœuf debout. Æ. 13. B. C.
663. Même légende. Buste de la Victoire. Rev. *m. ful. cotac. pr. quin.*
Colon conduisant deux bœufs. Æ. 14. A. B. C.

Zeugitana.

664. CARTHAGO. Tête laurée d'Hercule à gauche, la massue sur l'épaule.
Rev. Éléphant à droite. AR. 5. T. B. C. Tr. à Cadix.

---

(1) Ces monnaies se rencontrent ordinairement dans le centre de la Péninsule. Voyez le
Catalogue de la Torre, page 86, note du no 1358.

665. Tête virile à gauche. Rev. Cheval debout près d'un palmier. Médaillon d'argent, mod. 8. B. C.

666. Même tête. Rev. Cheval debout (sans le palmier). AR. 7. B. C. Tr. à Barcelone.

667. Autre semblable, mais de très-petit module. AR. 7. B. C. Tr. à Palma.

668. Buste de cheval. Rev. Palmier avec fruits. Or. mod. 2. T. B. C. Collection de la Torre, pl. 5, no 5. Rare.

669. Buste de cheval. Rev. Même type, très-petit module. AR. 2. A. B. C. Tr. à Palma.

670. Tête casquée de Pallas à gauche. Rev. Cheval debout; lettre phén. no 243. Æ. 10. B C.

671. Même tête de Pallas à gauche. Rev. Palmier avec fruits. Æ. mod. 8. B C.

672. Tête casquée de Mars à droite. Rev Palmier avec fruits. Æ. mod. 8. B. C.

673. Tête laurée et barbue à gauche. Rev. Cheval en course; lég. phén. no 244. Deux exempl. dont un en plomb. Æ. 10 B. C.

674. Tête de Cérès, couronnée d'epis à gauche. Rev. Cheval debout près d'un palmier; au-dessous, le signe phén. 245. Médaillon. Æ. 13. B. C. Deux exempl. variés.

675. Même tête. Rev. Cheval trottant à droite ; au-dessous, le signe phén. no 246. Æ. 11. T. B. C.

676. Deux autres du même type, avec les lettres phén. nos 247 et 248. Æ. 10 et 11. M.B. C.

677. Même tête. Rev. Cheval debout; au-dessous, la lettre phén. no 249. Æ. 8. B. C.

678. Même tête. Rev. Charrue ayant au centre le signe phén. no 250. Æ. 9. M. B. C.

679. Même tête. Rev. Cheval debout détournant la tête; lég. phén. no 251. Æ. 9 A. B. C.

680. Mêmes types avec les deux lettres phéniciennes no 252. Æ. mod. 8. Trouvée à Cadix.

681. Autre semblable avec les deux lettres phéniciennes no 253. Æ. mod. 9.

682. Buste de cheval à droite. Rev. Palmier avec fruits. Æ. mod. 7. B. C.

683. Tête de Cérès à gauche. Rev. Buste de cheval ; lettre phénic. no 243. Æ 9. A. B C.

684. Même tête. Rev. Même type avec la lettre phén. no 254. Æ. 8. 2 pièces variées.

685. Mêmes types avec la lettre O devant le buste du cheval. 2 pièces variées.

686. Tête imberbe près d'un épi. Rev. Cheval près d'un palmier. Æ. 6. A. B. C.

687. TINGIS (Tanger).—Tête barbue de face au-dessous de deux palmes. Rev. Astre, grappe de raisin et épi au-dessus d'une inscription phénicienne. Æ. 8. Deux exempl. trouvés à Cadix.

Mauritania.

688. JULIA CAESAREA (Chierchiell). *ti. caesar augustus.* Tête nue de Tibère à gauche. Rev. Buste lauré de femme entre une lyre et la lég. phénic. no 255. Æ. 12. B. C. Trouvée à Cadix. Rare.

Rois de Mauritanie.

689. JUBA I.—*rex iuba.* Tête nue de Juba à droite. Rev. Tête barbue de face (comme sur les monnaies de Tanger). Æ. 7. B. C. Inédite. Trouvée à Algodonales dans la Sierra de Ronda.

690. JUBA II. — *iuba rex iubae f.* II. v. q. Fleur du lotus. Rev. cn.

atelius. pont. III. *v. q.* Instruments pontificaux. Æ. 9. A. B. C. Trouvée à Malaga.

691. JUBA II ET CLEOPATRA.—Tête imberbe et diadémée de Juba II ; devant IUBA. Rev. BACIΛICCA KΛEOΠATPΛ. Crocodile à droite. GB. mod. 13. A. B. C. Inédite.

692. Tête d'Hercule, la massue sur l'épaule. Rev. BACIΛICCA KΛEOΠATPA. Fleur du lotus et sistre. Æ. 11. M. C.

693. PTOLEMAEUS.—Tête nue de Ptolémée à gauche ; lég. *ptolemaeus rex.* Rev. Le Soleil et la Lune dans un grènetis. Æ. 8. A. B. C Très-rare.

694. AUGUSTUS ET PTOLEMAEUS.—*augustus divi f.* Tête nue d'Auguste. Rev. *REX PTOL* dans un bandeau royal entouré par la légende : *c. laetilius* II. *v. q.* (Mionnet, VI. 609. 93). Æ. 8. T. B. C.

695. INCERTAINES.—Capricorne portant un globe, un gouvernail et une corne d'abondance. Rev. Femme debout tenant un long caducée et des épis ; lég. phén. nº 258. Æ. 8. B. C Trouvée à Alméría.

696. Tête diadémée à droite. Rev. Cheval libre à gauche ; au-dessous, sur une tablette, la lég. phén. nº 259. PL. mod. 11. B. C. Trouvée à San-Lucar de Barrameda.

697. Tête barbue à droite. Rev. Astre, grappe de raisin et épi ; lég. phén. nº 256. Æ. 7. A B. C.

698. Même tête au-dessus d'une lég. phénicienne peu visible. Rev. Femme debout. Æ. 6. M. C.

699 Tête de Vulcain à droite ; devant, XII. Rev. Deux grappes de raisin. Æ. 8. A. M. C.

700. Même tête ; derrière, le signe nº 257. Rev. Grappe de raisin entourée par une inscription phén. presque effacée. Æ. 7.

701. Tête barbare à gauche. Rev. Cheval debout près d'un palmier. Æ. 10. A. B. C.

702. Quatre tessères en plomb, avec la tête de l'Afrique et celle d'Hercule, trouvées à Cadix.

703. Dix-huit monnaies grecques en bronze de Messana, Athenae, Sycion, Thebae, Syracusae, Lacedaemon, Oetaei, Laodicea, Corinthus, Thespiae, Samos, Phoci, Alexandria, Amisus, Amphypolis, Littus, Macedonia, etc.

704. Vingt autres monnaies grecques en bronze, la plupart variées. A. B. C.

As et ses divisions (1).

705 AS.—Double tête de Janus ; au-dessus, la marque I. Rev. *Roma.* Proue de navire ; dans le champ, la marque I (as). Gr. br. Æ. mod. 14. B. C. Deux pièces variées

706. Trois autres variées de module, poids et fabrication. Æ. mod. 13, 14 et 15. A. B. C.

707. SEMIS. — Tête laurée de Junon ; derrière, S Rev. *roma.* Proue de navire ; au-dessus, la marque S (semis). Petit médaillon. Æ. mod. 13. A. B. C. Rare.

708. Tête laurée de Jupiter ; derrière, S. Rev. *Roma.* Proue de navire ; au-dessus, la marque S (semis). Æ. mod. 11. B. C.

709. Tête laurée d'Apollon ; derrière, S. Rev. Proue de navire surmontée

---

(1) L'as valait 12 onces et était ainsi marqué I ; — le semis : S, ou ...... (6 onces) ; — le quincunx : ..... (5 onces) ; — le triens : .... (4 onces) ; — le quadrans : ... (3 onces) ; — le sextans : .. (2 onces) ; — l'uncia : . (1 once). — Le denarius : X (10 as ou 10 livres de bronze) ; — le quinarius : V (5 as) ; — le sestertius : IIS (2 as et demi).

d'un S; à l'exergue AMOЯ en caractères très-barbares. Æ. mod. **9.**
T. B. C.

710. Trois autres variés de fabrication. Æ. mod. 8 et 9. B. C.

711. QUINCUNX. — Tête casquée de Pallas avec quatre points. **Rev.**
Proue de navire; au-dessous, quatre points. Æ. mod. 9. B. C.

712. TRIENS. — Tête casquée de Pallas à gauche; au-dessous, quatre
points. Rev. Proue de navire; au-dessous, quatre points. (triens),
Médaillon de très-grand module, flan très-épais, patine verte. Æ.
mod. 20. T. B. C. Très-rare (1)

Ce médaillon, d'une antiquité incontestable, a été trouvé en 1850 dans
l'île d'Iviça, ainsi que les deux grands quadrans décrits ci-après

713. Tête casquée de Pallas; au-dessus, quatre points. Rev. *roma*. Proue de
navire; au-dessous, quatre points. (triens), Æ. mod. 9. B. C.

714. Tête nue à droite; derrière, un caducée. Rev. Cheval paissant à
droite; au-dessus, quatre points (triens). Æ. mod. 7. T. B. C.

715. QUADRANS. Tête d'Hercule à gauche, couverte de la peau du
lion; derrière, trois points. Rev. Proue de navire; au-dessous, la
marque . . . (quadrans). Médaillon de grand module. Æ. mod. 19.
T. B. C. Rare. Trouvé dans l'île d'Iviça, l'une des Baléares.

716. Main droite ouverte, posée horizontalement; au-dessous, trois
points. Rev. Trois points entre deux grains d'avoine placés en s ns
contraire. Médaillon un peu ovale, de très-grand module. Æ. mod. 19
et 21. T. B. C. Très-rare. Trouvé dans l'île d'Iviça.

717. Main gauche ouverte entre un strigile et trois points. Rev. Main
droite ouverte entre un strigile et trois points (quadrans). Médaillon.
Æ. mod. 20. B. C. Rare. Trouvé à Cintra près Lisbonne.

718. Buste radié du Soleil. Rev. ΑΙΤΝΛΙΩΝ. Guerrier debout, armé d'une
lance et d'un bouclier; dans le champ, trois points (quadrans). Æ. mod.
8. B. C. Rare.

Cette jolie monnaie a été frappée à Aetnaei (aujourd'hui Santa Maria
di Licodia en Sicile).

719. Tête d'Hercule à droite; derrière, trois points. Rev. Proue de navire;
au-dessus, trois points (quadrans). Æ. mod. 6. A. B. C.

720. SEXTANS. Tête de Mercure avec le pétase; au-dessus, deux points.
Rev. Proue de navire; au-dessous, deux points (sextans). Æ. mod. **12.**
A. B. C.

721. UNCIA. Tête casquée de Pallas; derrière, un point. Rev. *roma*.
Proue de navire; au-dessous, un point (uncia). Æ. mod. 9. B. C.

722. Tortue très en relief. Rev. Roue à six rayons. Médaillon de très-
ancienne fabrique, de forme presque globuleuse. Æ. mod. 14. B. C.
Rare.

723. DENARIUS. Tête casquée et ailée de Rome; derrière, la marque X
(10 as). Rev. *roma*. Les Dioscures à cheval; au-dessous, un casque. AR.
mod. 7 ½ B. C. Poids : 3 gr. 8 décig.

724. Même tête. Rev. *roma*. La Victoire conduisant un bige AR. T. B. C.
Même poids et module.

725. Même tête entre une ligne perpendiculaire et la marque X. Rev.
Roma. Les Dioscures à cheval; au-dessous, une massue. AR. mod. 7.
B. C. Poids : 2 gr. 8 décigr. Ce module de denier est rare.

726. *Roma*. Même tête, de très-beau style; derrière, X. Rome assise sur
des boucliers, prenant l'augure; à ses pieds, Rémus et Romulus; dans
le champ, deux oiseaux. AR. mod. 8. T. B. C. Poids : 4 grammes.

---

(1) On sait que ces énormes pièces de cuivre furent les premières monnaies des Romains, lesquelles furent emises sous le règne de Servius Tullus, environ 550 ans avant
l'ère chrétienne. Ces monnaies, appelées *as, assipondium, as grave, libra*, étaient en
bronze ou cuivre diversement allié et servaient à la fois de monnaie (as) et de poids (libra) se divisant en douze onces. Ce ne fut que bien plus tard, pendant la première guerre
punique (264 à 241 ans avant J.-C.), que l'on commença à frapper à Rome les premières
monnaies d'argent décrites aux nos 723, 24 et 725, dont les types furent plus tard variés
à l'infini ainsi que le prouvent les nombreuses variétés des deniers consulaires.

727. QUINARIUS. Tête casquée et ailée de Rome; derrière, la marque
V (5 as). Rev. Les Dioscures à cheval, la lance en arrêt ; à l'exergue,
roma. — AR. mod. 5 ½. B. C. Poids : 1 gr. 7 décigr. Rare.

728. SESTERTIUS. Tête casquée et ailée de Rome ; derrière, la marque
IIS (2 as et demi.) Rev. Les Dioscures à cheval ; à l'exergue, *roma*. —
AR. mod. 4 ½. B. C. Poids 9 décigr. Très-rare.

729. MÉDAILLON, Double tête imberbe et laurée de Janus. Rev. Jupiter foudroyant dans un quadrige. Double denier. AR. mod. 9. B. C.
Poids : 6 gr. 4 décig. Rare.

MONNAIES DU MOYEN AGE

Rois de Portugal (1).

730. SANCHE I (1185-1211). *sancius rex*. Cinq petits ornements trian-
gulaires (2) au milieu d'un cercle. Rev. *po-rt-vg-al*. Croix cantonnée
de quatre clous. Denier inédit, en billon noir. M. C.

731. ALPHONSE II. (1211-1223). *alfosus rex*. Croix cantonnée de quatre
besants. Rev. *Portugalie*. Ecusson allongé entre deux ornements trian-
gulaires et deux points. Denier inédit. A. B. C.

732. SANCHE II. (1223-1248). *sancius rex*. Quatre petits écussons dans
un cercle. Rev. *po-rt-vg-al*. Croix coupant la légende. Denier inédit,
trouvé à Cintra. B. C.

733. ALPHONSE III (1248-1279). *alfonsus rex*. Croix cantonnée de deux
croissants et de deux étoiles. Rev. *po-rt-vg-al*. Cinq écussons ou
quinas (3), posés en croix sur un cercle, coupant la légende. Denier
inédit, trouvé à Setubal. B. C.

734. DENIS I (1279-1325). *d. rex portvgl*. Croix cantonnée de deux
étoiles et de deux croissants. Rev. *al-ga-rb-ii*. Cinq quines en croix,
posées sur un cercle et coupant la légende. Denier inédit, trouve
à Lisbonne. B. C.

735. ALPHONSE IV (1325-1357). *alfonsus dei gracia regis*. Bras armé
d'une epée, dans un cercle ogivé. Rev. *adjutorium nostrum in nomin*.
Écusson de Portugal. Espadim en billon. mod. 9. B. C.

736. FERDINAND I (1367-1383). *fernandus d. g. rex portugali*. Cinq quines
en croix dans un écusson surmonté de la marque monétaire L (Lisboa).
Rev. *si. dominus. mihi. adjutor. non. timebo. quid. fariat*. Croix dans
le champ. Gros d'argent (4) appelé tornés (tournois). T. B. C. Très-rare.

737. *fernandus rex portuga*. Ecusson aux cinq quines entre quatre châteaux (5). Rev. Grand F couronné posé sur une lance qui traverse le

---

(1) Ayant réuni dans nos voyages un très-grand nombre de documents, notes et dessins
concernant les monnaies portugaises, nous en avons fait un travail qui est entièrement ter-
miné, et que nous publierons très-prochainement sous le titre d'*Histoire Numismatique du
Portugal*.

(2) Ces ornements sont les mêmes que ceux figurés sur le sceau de l'infante dona Ma-
thilda, fille d'Alphonse Henriquez Ier, roi de Portugal, et femme de Philippe d'Alsace,
comte de Flandres. (*Genealogia comitum Flandriae*, pag. 25. Bruges, 1642). Il existe un
bel exemplaire de cette même monnaie, dans la Collection do senhor Manuel Lopez Fer-
nandez, à Lisbonne.

(3) Ainsi nommée en Portugal, parce que chaque écusson contient cinq points disposés
en quine, d'où lui est venu ce nom.

(4) Este nome de Torneses parece que se dena estas moedas á semelhança de huma
moeda franceza, que entaó corria por toda Europa, e se lavrava em Tours, Cidade de
França, e por isso se chamavaó Soldos Turoneuses. *Noticias de Portugal*, por Manoel Se-
verim de Faria. Lisboa, 1655.

(5) Armes de la province d'Algarve, usitées dans l'écusson portugais depuis le regne
d'Alphonse III, et non de Castille, ainsi que l'ont ecrit quelques Auteurs.

champ, entre deux croix de l'Ordre du Christ; au-dessous, L. (Lisboa).
Autour : *si. dns. michi. adjutor. no.* Billon appelé Grave (1). T. B.C. Rare.

738. *fernandus rex portugali alga.* Ecusson aux cinq quines, posé sur
une croix cantonnée de quatre châteaux. Rev. *si. dnus. michi adjutor.
non time.* Casque ou heaume couronné, posé sur l'écusson de Portugal;
dans le champ, la marque monétaire P (Porto). Grand billon appelé
Barbuda. (Voir la note du n° 737.)

739. *fernandus rex portugal.* Même type. Rev. *dominus michi adjutor.
non.* Buste couronné de Ferdinand, revêtu d'une cotte de mailles; dans
le champ, *C—A* (Coïmbra). Billon inédit, mod. 9. T. B. C. (Meia
barbuda.)

740. *fernandus rex port.* Couronne royale. Rev. *si. dus. michi.* Cinq
quines en croix coupant la légende. Billon appelé Pilarte. (Voir la note
du n° 737.)

741. JEAN I (1383-1433). *ihns. dei gra. rex po. et algarbi.* Cinq quines
et quatre châteaux dans un double cercle ogivé. Rev. *ihns* sous une couronne autour, en deux lignes : *adjutorium nostrum qui fecit cælum et
terram* (real de prata). AR. (a bas titre). mod. 11. B. C.

742. Denier au même type, avec la marque L (Lisboa) sous les initiales
ihns (dinheiro). Billon. mod. 8. B. C.

743. *ihns* sous une couronne; autour : *rex portugali et algarb.* A l'exergue : L (Lisboa). Rev. *reparacio rex publice* (sic). Ecusson de Portugal
adossé à une croix de l'Ordre d'Avis. (real branco). Billon noir. mod. 9.
B. C.

744. *ihns. dei gra. rex po. et al.* Cinq quines dans un double cercle ogivé.
Rev. Grand Y couronné; autour, en deux lignes : *adjutorium nostrum,* etc. (branco ó soldo). Æ. 11. B. C.

745. *ihns* sous une couronne; autour : *ihns dei gra. rex po.* Rev. *adjutorium nostrum,* etc. Cinq quines formant une croix cantonnée de quatre
châteaux. Billon. mod. 11. B. C.

746. Deux autres avec les marques monétaires des ateliers de Lisbonne et
d'Evora. M. B. C.

747. EDOUARD I (1433-1438). *eduardus rex port. et alg.* Cinq quines
dans un double cercle ogivé. Rev. Grand E couronné; autour, en deux
lignes : *adjutorium nostrum,* etc. Dans le champ, L (Lisboa). Real
preto (réal noir). Æ. mod. 10.

748. E— D sous une couronne; autour : *eduardus rex port.* Rev *eduardus
rex portuga.* Armes de Portugal et d'Algarve. Meio real preto Æ. 9.
A. B. C

749. *e. rex portugali.* Croix cantonnée de deux roses et de deux croissants. Rev. *al-ga-rb-ii.* Cinq quines en croix coupant la légende.
Dinheiro (denier), Æ. 6. A B. C.

750. ALPHONSE V (1438-1481). *alfonsus dei gracia rex cast.* Ecusson
aux armes de Portugal et d'Algarve. Rev. *alfonsus dei graci regis cast.*
Armes de Léon et Castille (2). Gros d'argent. mod. 11. B. C. Très-rare.
Planche IV, n° 8 de mon prochain Catalogue.

751. *Conservacio rex publice in.* Armes de Portugal et d'Algarve. Rev.
Roue de moulin à eau (sans légende). Real de cobre. Æ. mod. 10.
Très-rare (3).

---

(1) Quando el Rey D. Fernando fez a guerra a Castella serviraó a el Rey D. Henrique o
Nobre muitos soldados Franceses, que vinhao armados de celadas, a que elles chamavaó
BARBUDAS ; e traziao lanças com pendoens, que charmavaó GRAVES ; e traziao consigo
Pagens para as celadas, a que charmavao PILARES ; e querendo el Rey D. Fernando deixar
memoria desta sua empreza, poz estes nomes, e insignias nas moedas, que mandou lavrar
de novo (*Chronica del Rey D. Fernando,* c. 56).

(2) En 1474, sur la proposition de quelques grands de Castil'e, Alphonse V pénètre en
Espagne ; fiancé, mais n'épouse pas Jeanne, pretendue fille de Henri IV l'Impuissant, et se
fait proclamer roi. C'est à cette époque que fut frappée la monnaie ci-dessus, qui est
excessivement rare.

(3) Un second exemplaire seulement de cette curieuse monnaie existe dans la Collection do senhor Francisco de Mello Manuel, à Lisbonne.

752. *alfonsus quintus.* Ecusson de Portugal. Rev. *alfonsus quintus.* Château à trois tours près des flots (armes de la ville de Porto). Æ. mod. 9. (seitil). 2 exemplaires variés.

753 Grand A couronné ; autour : *alfo. rex. port. et al.* Rev. *adjutorium.* Cinq quines en croix. M. C

754. JEAN II (1481-1495). *iohanes II. r. p. et a. d. g.* Ecusson couronné. Rev. Même légende entourant un grand Y couronné, accosté des initiales L.—O (Lisboa). Real de prata. AR. mod. 8. B. C. Rare.

755 Autre real varié, portant également le titre de seigneur de Guinée. AR. 8. B. C.

756. EMMANUEL I (1495-1521). *i. emanvel r. p. et. a. d. gvinée.* Ecusson couronné , entre la marque V—L (5 livras). Rev. *in hoc signo vinces.* Croix de l'Ordre du Christ. Tostaô (Teston d'argent). mod. 13. T. B. C.

757. *emanuel. p. r. p. et a. d. guin.* Ecusson couronné. Rev. Même légende. Grand M couronné; au-dessous. P (Porto). Vinglain d'argent (vintem) mod. 8. B. C.

758 Autre vintem ou vingt reis d'argent, frappé à Lisbonne. AR. mod. 8, B. C.

759. *i. manuel. r. p. et. a. d. g.* Cinq quines en croix. Rev. Même légende. Croix de l'Ordre d'Avis. Meio vintem (10 reis d'argent). mod. 6. B. C. Rare.

760. Même légende. Ecusson de Portugal. Rev. Château à trois tours (seitil). Æ. mod. 7. A. B. C.

761. Jeton portugais, de la même époque, aux armes du Portugal et du Brésil. Æ. B. C.

762. JEAN III (1521-1557). *iohanes 3 r. p. et. a. d. gine.* Ecusson couronné. Dans le champ, *V—L* (v livras). Rev. *in hoc signo vinces.* Croix de l'Ordre du Christ. Tostaô. AR. 12. T. B. C.

763. *io. III.* sous une couronne ; autour : *rex portugalie y al. d g.* Dans le champ, *LXXX* (reis). Rev. *in hoc signo vinces.* Croix de St-Georges, cantonnée de quatre besants. (Moeda de cuatro vintems.) AR. 13. T. B. C.

764. Même type, avec *XXXX* (reis) dans le champ. (Real de prata ou dois vintems.) AR. mod. 11. B. C.

765. *ioanes III. r. p.* Ecusson de Portugal. Rev. *ioanes III. r. po.* Grand Y couronné. (Vintem.) AR. 8. B. C.

766. *ioanes III d. g. port. et algarbiorum.* Ecusson royal couronné. Rev. *rex quintus decimus.* Dans le champ, *X* (reis). Æ. 18. T. B. C. Patacaô de cobre.

767. *io III.* sous une couronne ; autour : *portugal. et algarb. r. affrc.* (africae). Ecusson de Portugal. Æ. 11. (3 reis.).

768. SEBASTIEN I (1557-1578). *sebastianus I rex portug.* Ecusson couronné. Rev. *in hoc signo vinces.* Croix de l'ordre du Christ. Ecu d'or, appelé Moeda de oiro de cinco tostoés. AV. mod. 10. B. C. Très-rare.

769. *sebastianus I rex portug. et al.* Ecusson couronne. Rev. *in hoc signo vinces.* Croix du Christ. Teston d'argent (Tost ô). AR. 13. B. C. Rare

770. *sebastianus I rex. por.* Cinq quines en croix. Rev. *in hoc signo vinces.* Croix de St-Georges cantonnée de quatre besants. Demi-teston (meio tostao). AR. mod. 10 B. C

771. *sebastianus I rex p.* Ecusson couronné. Rev. Grand S couronné; autour : *portug. et algarb.* Vinglain d'argent (vintem). mod. 8. B. C.

772. *sebastianus I d. g. p. et algarbiorum.* Ecusson couronné. Rev. *rex sextus decimus.* Dans le champ, le chiffre V (cinq reis.). Æ. 13. B C.

773. *Sebas-tia-nus-I* au-dessous d'une couronne ; autour : *portug. et algarb. rex affric.* Ecusson couronné. (3 reis). Æ. mod. 10. B. C.

774. Grand S couronné, entre 2 etoiles. Rev. En 4 lignes : *R.-sebas-tianus-I.* (reis de cobre). Æ. 9. B. C.

775. ANTOINE , PRIEUR DE CRATO (1580). *antonius I d. g. r. p. et*

al. Écusson de Portugal, surmonté d'une couronne, entre la lettre *A* et un oiseau appelé *açor*. Rev. *in hoc signo vinces*. Croix dé Santiago. Æ. 12. B. C. Monnaie de 5 reis, frappée dans l'île de Terceira, l'une des Açores.

776. *antonius I d. g. r. p. et a.* Écusson couronné. Rev. *in deo* autour d'une sphère sur laquelle on lit : *spero*. Æ. mod. 10. B. C. Monnaie de 3 reis frappée à Lisbonne (1). Inédite.

777. *antonius I d. g. r. p. et a.* Écusson couronné. Rev. *in hoc signo vinces*. Croix sur une monticule (calvario). Æ. mod. 8. T. B. C. Monnaie d'un reis frappée à Lisbonne. Inédite.

778. PHILIPPE II D'ESPAGNE (1580-1598). *philipus d. g. rex portugalia*. Écusson couronné, aux armes de Portugal et d'Algarve, entre les initiales : L. B. (Lisboa.) Rev. *in hoc signo vinces*. Croix de l'ordre du Christ. AR. mod. 13. B. C. Tostao de 100 reis, frappé à Lisbonne (2). Très-rare.

779. PHILIPPE III D'ESPAGNE (1598-1621). *Philippus d. g. rex portugali*. Écusson couronné, entre les initiales : L. B. Rev. *in hoc signo vinces*. Croix du Christ, cantonnée de 4 groupes de 5 points. AR. mod. 12. B. C. Tostao de 100 reis, frappé à Lisbonne. Très-rare.

780. *Philippus d. g. re.* Même écusson. Rev. *algarbiorum rex*. Dans le champ, en deux lignes : F. — XX. Vintem (vingtain). AR. mod. 8. A. B. C. Rare.

781 RÉVOLUTION DE 1640. *in hoc signo vinces.* Cinq quines en croix, cantonnées de 4 besans. Rev *in hoc signo vinces*. Croix de St-Georges, cantonnée de quatre P. (Porto.) Monnaie anonyme (3) de 2 vingtains. AR. mod. 8. B. C. Inédite.

782. JEAN IV (1640-1656). *ioannes IIII d. g. rex portugali*. Écusson couronné. Dans le champ, 200 (reis). Rev. *in hoc signo vinces*. Croix du Christ (cruzado ou dois tostaoes). AR. 13. A. B. C.

— Autre, frappée à Lisbonne, contre marquée sous Alphonse VI, du chiffre 280 (reis). AR. mod. 14. B. C.

— Même type. Rev. *in hoc signo vinces*. Croix de St-Georges, cantonnée de quatre E (Evora.) Tostao. AR. 11. B. C.

— Autre monnaie d'argent, du même type, frappée à Oporto. AR. 10. A. B C.

— *ioannes IIII d. g. rex p.* Cinq quines en croix. Rev. *in hoc signo vinces*. Croix de St-Georges avec 1641 (4) Demi-teston. AR. 8. B. C.

— *cuatro vintems* ou *LXXX reis*, frappé à Évora, avec 100 en contremarque. AR. mod. 10. B. C.

783. Deux autres de dois vintems (40 reis) et um vintem (20 reis). AR. mod. 8 et 6 B. C.

784. Monnaie d'un reis et demi, avec la légende *rex XVIII* au revers. Æ. mod. 11. B. C.

785. ALPHONSE VI (1656-1667). *alphonsus VI d. g. rex. p.* Écusson couronné. Rev. *in hoc signo vinces*. Croix du Christ. Tostao et demi tostao d'argent. mod. 10 et 8. B. C.

786. PIERRE, PRINCE RÉGENT (1667-1683). *petrus d. g. p. portugali.*

---

(1) Les monnaies portugaises furent frappées au marteau jusqu'en 1561 ; à cette époque, on essaya à la Caza da Moeda (Hôtel des Monnaies) de Lisboa, une nouvelle machine, qui n'ayant pas réussi, fut abandonnée. La fabrication au marteau fut reprise et continuée jusqu'en 1678. que le comte da Ericeira Dom Louis de Menezes fit construire un balancier, sur le modèle de celui inventé par Nicolas Briot, dont on se servait en France depuis 1645.

(2) Il existe plusieurs lois et ordonnances concernant la fabrication des monnaies de Portugal, aux noms de Philippe II et III d'Espagne. On n'en connaît pas de Philippe IV, qui peut-être n'en fit jamais frapper.

(3) Cette monnaie fut frappée à Oporto en 1640, lorsque Pinto Almeyda et la duchesse de Bragance déclarèrent leur patrie indépendante.

(4) Cette monnaie d'argent est la première qu'on ait frappée en Portugal avec millésime (Ley do 1º de julho de 1641).

Au milieu, *LXXX* sous une couronne princière. Rev. *in hoc signo vinces*. Croix de Jérusalem. Tostao. AR. mod. 8. B. C. (1).

787. Vingtain d'argent, au même type, avec *XX* reis dans le champ. AR. mod. 6. B. C. Rare.

788. Cuivres de 3 reis et d'un reis $\frac{1}{3}$, avec *petrus d. g. princeps portugaliae*. 1677. Æ. 10. B. C.

789 PIERRE II (1683-1706). *petrus II d. g. p. et alg. rex*. Au milieu *XXXX* (reis) sous une couronne royale. Rev. *in hoc signo vinces*. Croix de St-Georges. Demi-tostao. AR. mod. 7. B. C.

790. Série des monnaies de cuivre frappées pour le Portugal : x, v, iii et i reis $\frac{1}{2}$. B. C.

791. Deux autres de x et xx reis, pour la Guinée, avec le titre de roi d'Éthiopie. Æ. B. C.

792. JEAN V (1706-1750). *ioanes V d. g. port. et alg*. Tête laurée. Rev. Écusson couronné. Or. mod. 6. B. C.

793. Autre de 1741, avec la croix de l'ordre du Christ. Cruzado novo de oiro. Or. mod. 5. T. B. C.

794. Tostao de 1707, frappé à Oporto, avec la marque *LXXX* reis. AR. mod. 9. B. C.

795. Quarante reis, au même type, et 3 vingtains à la croix de St-Georges. AR. mod. 7. B. C

796 Trois monnaies de x, v et i reis $\frac{1}{2}$, frappées pour le Portugal. Æ. 9. 13. 16. B. C.

797. Trois autres, de x, v et iii reis, type varié, également frappées pour le Portugal. T. B. C.

798. Deux autres de x et xx reis, frappées à Bahia, pour le Brésil (2) T. B. C.

799. JOSEPH II. (1750-1777). Deux monnaies d'argent, appelées meio cruzado et tostao. AR. 9, 12. B. C.

800. Série des trois monnaies de cuivre, frappées pour le Portugal (3), x, v et iii reis. B. C.

801. Monnaie d'argent, dite meia pataca, frappée pour le Brésil. AR. mod. 10. B. C.

802. Monnaie de V reis, frappée pour les Iles Açores, en 1750. Æ. mod. 12. B C.

803. Trois monnaies de XL, XX et X reis, frappées pour le Brésil. Æ. 13. 16. 18. B. C.

804. Trois autres : 1 macuta, $\frac{1}{4}$ de macuta et V reis, frappées pour les États d'Angola dans l'Afrique portugaise. Æ. B. C.

---

(1) En 1578, Sébastien étant passé en Afrique, à la tête d'une armée, pour y rétablir le shérif Mull y Abdallah, y perdit la célèbre bataille d'Alcazar-Kibir, à la suite de laquelle il disparut sans qu'on ait jamais pu découvrir ce qu'il était devenu. Son oncle, le cardinal Dom Henrique, fils d'Emmanuel le Grand, lui succéda à l'âge de soixante-sept ans, et fit frapper la monnaie suivante : *henriqus I d. g. rex portugal*. Écusson couronné Rev. *in hoc signo vinces*. Croix de l'ordre du Christ. AR. mod. 13. B. C. (Collect. Ferrao Castello Branco, em Lisboa) Peu de temps avant sa mort, arrivée en 1580, le cardinal-roi Dom Henrique avait nommé pour gouverner le royaume, pendant l'interrègne qui suivrait son décès : D. Jorge de Almeida, archevêque de Lisbonne ; D. Joao Matearanhas; Francisco de Sá ; D. Joao Tello de Menezes ; et Diejo Lopes de Souza, lesquels firent frapper la monnaie ci-après : *Gubernadores et defensores regni p*. Écusson de Portugal, surmonté d'une couronne. Rev. *in hoc signo vinces*. Croix de l'ordre du Christ. AR. mod. 17. Vers la même époque, Antoine, prieur de Crato, fils naturel de l'Infant Dom Luis de Beja, frère du cardinal Henrique, se fit proclamer roi de Portugal le 19 juin 1580, alors que Philippe II, roi d'Espagne, levait une armée pour soutenir ses droits à la même couronne, dont il s'empara malgré les prétentions de plusieurs autres prétendants.

(2) Les Portugais avaient établi au Brésil, des ateliers monétaires, à Rio-Janeiro, Bahia, Pernambouc et Minas Gernes.

(3) Depuis la mort de Jean V. Lisbonne est la seule ville de Portugal où l'on ait continué de frapper monnaie jusqu'en 1833, époque à laquelle Dom Pedro fit frapper quelques monnaies de cuivre à Oporto, dont l'atelier monétaire servit encore, en 1847, lorsque la junta révolutionnaire y fit frapper des patacoes de 40 reis.

805. Tutenaga de plomb, frappée à Damao dans le Mozambique. mod. 14.
B. C.

806. Deux Tangas de 3 et 5 vintems, frappées à Goa (Asie) en 17660-9.
PL. 8. 11. B. C.

807 MARIA ET PIERRE III (1777-1786). Monnaie d'argent de 1781.
Cruzado novo. AR. modo 16. B. C.

808. Série des trois monnaies de cuivre, frappées pour le Portugal. X, V
et III reis. B. C.

809. Monnaie d'argent de 2 Macutas, frappée pour l'Angola. AR. mod. 9.
B. C.

810. Deux monnaies de V et X reis, frappées pour le Brésil en 1781. Æ.
B. C.

811. MARIA I (1786-1799). Tostao d'argent, avec la marque LXXX (reis).
AR. B. C.

812. Série des 3 monnaies de cuivre frappées pour le Portugal. X, V et
III reis. B. C.

813. Monnaie d'argent de 2 Macutas, frappée pour l'Angola. AR. mod. 9.
B. C.

814. Monnaie d'un Macuta, frappée pour l'Afrique portugaise. Æ. 19. B. C.

815. Trois monnaies de XX, X et V reis, frappées pour le Brésil. Æ. B. C.

816. Trois autres, de 20, 10 et v reis, pour les Possessions d'Afrique. Æ.
B. C.

817. JEAN, PRINCE RÉGENT (1799-1816). *ioannes d. g. port. et alg. p.
regens.* Écusson couronné; dans le champ, 180:-400 (reis). Rev. *in hoc
signo vinces.* Croix du Christ. Cruzado novo. AR. 15. B. C.

818. Même légende. Buste lauré. 1813. Rev. *utilitati publicae.* Écusson.
Æ. 15. B. C. Patacao.

819. Deux monnaies, de X et V reis, avec le titre de prince régent. Æ. 13.
15. B. C.

820. Trois autres de XL, XX et X reis, frappées pour le Brésil. Æ. 11. 12.
15. B. C.

821. Trois autres, même type, avec les marques de Bahia et Rio-Janeiro.
B. C

822. JEAN VI (1816-1826). *johannes VI d. g. port. brasil. et alg. rex.*
Écusson. Rev. *in hoc.* Croix. AR. 7. T. B. C.

823. Série des trois monnaies de cuivre frappées pour le Portugal. 40, 10
et 5 reis. B. C.

824. Trois monnaies de XL, XX et X reis, frappées à Rio-Janeiro et
Bahia. Æ. B. C.

825. Monnaie de 60 reis, frappée à Goa dans l'Asie portugaise. Æ.
mod. 14. B. C. Rare.

826. Autre, avec la légende : AP. $\frac{1}{2}$ T. (asia portuguesa. $\frac{1}{2}$ Tanga.) Æ.
14. B C.

827. PIERRE IV (1826-1828). *petrus IV d. g. portug. et algarb. rex.*
1828. Tête laurée. Rev. *utilitati publicae.* 40 reis. Écusson couronné.
Patacao. Æ. 15. B. C.

828. DOM MIGUEL (1828-1833). *michael I d. g. portug. et algarb. rex.*
Écusson couronné. Dans le champ, 1828.—400 (reis). Rev. *in hoc signo
vinces.* Croix du Christ. *Cruzado novo.* AR. 15. T. B. C. Très-rare.

829. Autre Cruzado novo, même type, avec la date 1833. AR. mod. 15.
T. B. C.

830. Une série complète de toutes les monnaies d'argent frappées par
Dom Miguel. Cruzado novo, meio cruzado, seis vintems, très vintems,
tostao, meio tostao. AR. B. C. Très-rare.

831. Même type. Rev. 40 (reis). *utilitati publicae.* 1833. Æ. mod. 15.
B. C.

832. Série complète des trois monnaies de cuivre de Dom Miguel. *Patacao, X* et *V* reis. Æ. B. C. Rare.

833. *maria II dei gratia.* Écusson couronné. Rev. *X* (reis) 1830, dans une

couronne. Autour : *portugaliae et algarbiorum regina* Æ. 14. B. C.
Même type, avec *V* (reis). 1830. Æ. 12. B. C. Très-rares (1).

834. MARIA II (1833-1853). *maria II d. g. portug. et alg. regina.* Écusson
couronné, accosté des chiffres 1834-400 (reis). Rev. *in hoc signo vinces.*
Croix du Christ. Cruzado (ancien type). AR. 15. T. B. C.

835. Même type. Rev. 40 (reis). *utilitati publicae* 1833 (2). Autre de 1834.
Patacao. Æ. 15. B. C.

836. Monnaie de *X* reis, 1837, même type (avant la réforme des monnaies).
Æ. 15. B. C.

837. *Maria II portug. et algarb. regina.* Tête diadémée, de dona Maria,
à gauche. Rev. Armes de Portugal; à l'exergue, 1000 *reis.* (Quinto de
Coroa). Nouveau type. Or. mod. 6. T. B. C. Rare.

838. Grand écu d'argent (Coroa da prata). absolument semblable, à l'ex-
ception du module, à la monnaie d'or précédente. AR. mod. 16. T. B. C.
Très-rare.

839. Monnaie d'argent, de 500 *reis* ou meia coroa, au même type. AR.
mod. 13. T. B. C.

840. Même tête. Rev. 200 *reis* entre deux branches formant une couronne.
AR. 10. T. B. C.

841. Monnaie d'argent de 100 *reis* ou tostao. au même type. AR. mod. 8.
T. B. C.

842. Série complète des trois dernières monnaies frappées pour le Portugal
XX, X et V reis. T. B. C.

843. Serie des trois monnaies, XX, X et V reis, frappées pour l'Ile de Ma-
dère. Æ. B. C. Rare.

844. Série des trois monnaies, 20, 10 et 5 reis, frappées pour les Iles
Açores. Æ. B. C.

845. Monnaie de 20 reis, frappée en 1840 pour l'Ile Saint-Thomas. Æ.
mod. 11. T. B. C.

846. *maria II d. g. portug. et alg. regina.* Écusson couronné. Rev. 40
(reis, dans une couronne; autour, *utilitati publicae.* 1847. Dans le champ
en contremarque : G. C. P. dans un cercle dentelé (3). Æ. mod. 15. B. C.
Inédite.

Médailles Portugaises.

847. *ioannes V rex portug. et algarb.* Buste de Jean V. Rev. *fusis fuga-
tisque Turcis Lusit. classis subsid. ad. taenarum. p.* 1717. Vaisseau à
la voile entre deux colonnes. Æ. 21. B. C.

848. Médaille du maréchal Frédéric de Schomberg, 1690. Buste à droite.
PL. mod. 21.

849. Médaille de Joseph Ier. 1775. Réédification de la ville de Lisbonne.
Æ. 20. B. C.

850. Médaille de Marie Ire et Pierre III. 1779. Bustes accolés à droite.
Æ 23. T. B. C.

851. Très-grande médaille de l'Académie des Sciences de Lisbonne. 1783.
Æ. 32. T. B. C.

---

(1) Ces monnaies ont été frappées en Angleterre, en 1830, au nom de dona Maria, par
ordre de la junta constitutionnelle de l'Ile de Terceira, en opposition au gouvernement de
Dom Miguel, alors roi de Portugal, dont l'autorité ne fut jamais reconnue dans l'Ile.

(2) Cette monnaie fut frappée à Oporto lors de l'expédition de Dom Pedro, en 1833.

(3) Bien qu'une loi de 1835 fit défense de continuer à frapper des patacaóes de 40 reis
au nom de Dona Maria, la junta révolutionnaire do Porto, présidée par le général Povoas
et le comte d'Antas, en 184°, ordonna la fabrication de ces mêmes monnaies portant le
nom de la reine. Le gouvernement de Lisbonne, agissant au nom de Dona Maria, et en
désaccord avec la junta, fit un décret qui défendit la circulation de cette monnaie, la consi-
dérant comme fausse; mais après l'expédition du général espagnol Concha, et lorsque par
l'intervention des trois puissances les affaires s'arrangèrent, le gouverneur civil do Porto
fit recueillir ces monnaies et y fit apposer une contremarque pour en autoriser la circulation. Cette contremarque était les initiales G. C. P. (Governo civil do Porto) dans un
cercle dentelé.

852. Médaille de Jean VI prince régent. 18 Juin 1808. Armes et effigie. PL. mod. 18. B. C.

853. Médaille de Dona Maria II, avec effigie. 1833. Æ. mod. 16. T. B. C.

854. Médaille de Pierre II, empereur du Brésil, avec effigie. 1841. PL. mod. 18. B. C.

ESPAGNE

ROIS WISIGOTHS

Leovigildus. (572—586.)

855. *Leovigildus rex.* Buste diadémé de Léovigilde de face. Rev. *Toleto iustus.* Buste impérial de face. (*Florez, tom 3, pag.* 176.) Tiers de sol d'or, frappé à Tolède. T. B. C. Très-rare (1).

Reccaredus Ier. (586—601.)

856. *Reccaredus rex.* Buste de Reccarède de face. Rev. *emerita victor.* Buste impérial de face (*Florez, tom.* 3, *pag.* 203.) Tiers de sol d'or frappé à Merida. T. B C. Rare.

857. *Reccaredus rex.* Buste de Reccarède de face. Rev. *elvora iustus.* Buste impérial de face. (*Leblanc, pag.* 32, n° 8 — *Florez, tom.* 3, *pag.* 206.) Tiers de sol d'or frappé à Evora en Portugal (2). T. B. C. Très-rare.

858. *Reccaredus rex.* Buste de Reccarède de face Rev. *ispali pius.* Buste imperial de face. (*Leblanc, pag.* 32, n° 7 — *Variete de Florez. tom.* 3, *pag.* 200.) Tiers de sol en argent, frappé à Séville. B. C. Très-rare.

859. *Reccaredus rex.* Même buste, de fabrication très-barbare. Rev. *toleto pius.* Buste impérial de face. (*Leblanc, pag.* 32, n° 5. — *Florez, tom.* 3, *pag.* 194.) Tiers de sol d'or frappé a Tolède (3). B. C.

Wittericus. (603—610.)

860. *Wittericus rex.* Buste de Witteric de face. Rev. *pius ispali.* Buste impérial de face. (*Leblanc, pag.* 32, n° 11 —*Florez, tom.* 3 *pag.* 219) Tiers de sol d'or frappé à Séville. T. B. C. Excessivement rare.

Suinthila. (621—631.)

861. *suinthil rex.* Buste de Suinthila de face. Rev.*iustus tu··· ci.* Buste impérial de face. (*Voir planche* 3, n° 1 de mon prochain catalogue.) Tiers de sol d'or, frappé a Tucci (l'antique Tucci Augusta Gemella), aujourd'hui Martos près Jaën en Andalousie (4). T. B. C.

---

(1) Une variété de cette monnaie a été achetée 200 rs. vn. (52 fr. 50 c.) pour la Biblioteca Nacional de Madrid, à la vente du Cabinet monetaire de Don José Garcia de la Torre.

(2) Quelques numismatistes attribuent à Talavera la Reina les monnaies où on lit ELVORA, ne classant à Evora que celles portant l'inscription EBORA, que je n'ai pu voir dans aucune Collection d'Espagne ni de Portugal.

(3) A la vente de la même Collection, un exemplaire de cette monnaie, la moins rare de celles décrites dans le présent Catalogue, a été adjugée 180 rs. vn. (47 fr. 25 c.) pour le Musée imperial de Russie, qui s'y rendit acquereur d'une bonne partie des raretés de la série espagnole du moyen âge.

(4) Tucci etait une ville de la Betique, qui fut colonie romaine et siege épiscopal des plus antiques d'Espagne. Pline place cette ville dans le Conventus Asigitani et l'appelle Augusta Gemella : « Huius Conventus sunt reliquae Coloniae Immunes : Tucci, quae cognominatur Augusta Gemella. » Un vieil auteur espagnol, D. Rodrigo Caro, parlant de cette attribution, s'exprime ainsi : « Esta Tucci, que fue Colonia Immune, y se llamo por sobrenombre Augusta Gemella, todos dizen, que es la misma que Martos ; porque demas de sitio donde Plinio la situa, que concuerda con el que hoy tiene Martos, en el mismo

Cette curieuse monnaie a été trouvée à Andujar, près Cordoue en 1852.

862. *suinth : l.·. r.·.* Buste de Suinthila de face. Rev. *plu·: m.·.ntesa.* Buste impérial de face. Tiers de sol d'or frappé à Mentesa (1). Variété inédite. T. B. C. Très-rare. Trouvé à Alcalá de Guadaira.

Ervigius. (680—687).

863. — *inm. ervigivs rx.* Buste couronné d'Ervigius de face. Rev. *ispali pius.* Croix posée sur des marches au-dessus de trois points; dans le champ, une étoile. (*Voir planche* 3, n° 2 de mon prochain catalogue.) Tiers de sol frappé à Séville. T. B. C. Très-rare.

Egica. (687 — 700.)

864. *id. inm. egica rx.* Buste couronné d'Egica, tourné à droite, et tenant à la main un sceptre surmonté d'une croix. Rev. *toleto pius.* Croix posée sur trois degrés au-dessus d'un point accosté de deux croissants. (*Voir planche* 3, n° 3.) Tiers de sol d'or frappé à Tolède. Variété inédite. T. B. C. Très-rare.

Wittiza. (701—711.)

865. *in. d. nne vvitt. rx.* Buste à droite de Wittiza, les mains jointes. Rev. *toleto pius.* Croix posée sur trois degrés. Planche 3, n° 1. Tiers de sol en argent, frappé à Tolède. B. C. Très-rare. Variété inédite.

866. INCERTAINES. — *cn. inasiavi. avisapi. avg.* Buste diadémé à droite. Rev. *Victorai Augustoia conob.* Victoire passant. Tiers de sol d'or, peut-être d'Athanagilde?, trouvé à Béja dans l'Alemtejo. T. B. C.

867. *vrrtan. xaitava. avg.* Buste diadémé. Rev. *vrrta. novrrv. cono.* Victoire passant. Tiers de sol d'or, attribué à Liuva, trouvé a Saragosse. T. B. C.

868. *vrvs. ivirv.* Buste diadémé. Rev. *vrtvi nvorv. ono* Victoire passant. Tiers de sol d'or, trouvé à Tolède. B. C.

869. *VSM—H.1I.* Tête nue à gauche. Rev. Victoire passant (lég. effacée). Æ. 7. Trouvée à Béja. M. C.

870. *AR : COS. II.* Tête nue à gauche. Rev. *AGVℴTVℴ.* Figure debout, armée d'un glaive (Fabrique très-barbare). Æ. mod. 9. B. C. Flan très-épais. Trouvée à Tolède.

MONNAIES ARABES RELATIVES A L'ESPAGNE.

Walid ben Abdolmalek, calife Ommiade d'Orient au nom duquel se fit la conquête de l'Espagne; règne de l'an 86 à 96 de l'hégire, (705—715 de J.-C.).

871. Dinar purement arabe, de très-beau style, frappé l'an 91 de l'hégire. Or. mod. 8. T. B C. Poids, 4 gram. 25 centig. Trouvé à Séville.

Moussa ben Nocéir, gouverneur d'Afrique de l'an 84 à 96 de l'hégire (2), pour le calife Abdolmalek, et l'un des conquérants de l'Espagne.

872. Dinar bilingue, portant au centre le symbole de foi musulmane : *Il*

---

lugar se hallen inscripciones, que assi lo dizen : y assi por constante lo tienen Morales, Clusio, Ortelio y todos. que Turci Augusta Gemella, es Martos. »

(1) Mentesa était située entre Baeza et Jaën, à l'endroit où est actuellement la petite ville de la Guardia. Les rois goths Reccarède, Sisebut et Suinthila y frappèrent monnaie.

(2) L'an 622 de l'ère chrétienne, le vendredi 16 juillet, Mahomet, obligé de fuir de la

n'y a de Dieu qu'Allah ; autour en légende circulaire : SAD. FRIT. IN. AFRKA. N. XCVII. Rev. Au milieu, l'inscription arabe en deux lignes : *Mohammed est l'apôtre de Dieu*; autour : NONINI. DS. DSNS. SIS. NDS. NS. Or, mod 5 1/2. T. B. C. Flan très-épais. Poids, 4 gram. **20** centig. Trouvé à Cadix.

MONNAIES ARABES D'ESPAGNE (1).

Oualis arabes, gouvernant l'Espagne au nom des califes d'Orient, de l'an 92 à 138 de de l'hégire (710—756 de J.-C.).

873. Dinar avec étoile au centre d'une inscription latine, portant au milieu du revers la marque de la dixième indiction. INDC. X , et autour, SLD. FRT. IN SPNA NN. XCIII. Or. mod. 5. T. B. C. Poids, 4 grammes. Ce dinar est une rare variété de celui décrit dans le Catalogue de la Collection de la Torre (2) , n° 5734, planche xiv, n° 3. Trouvé près de Cordoue.

874. Autre dinar du même type, portant au centre du revers l'inscription : SINIA entourée par la lég.-circulaire : SLD. FR NN. SIPAN. XII. NN. Or. mod. 5. A. B. C. Poids, 4 gr. 40 centig. Trouvé à Carmona.

875. Autre, avec légendes variées et la marque de la seconde indiction : INDC. II. Or. mod. 5. B. C. Poids, 4 gram. 10 centig. Trouvé à Algeciras.

876. Tiers de dinar avec : SLD. INN. DHI. MISRC. VII Imitation du type d Heraclius. Rev. SOMUC dans le champ; autour, DNS. 6 SO. 16 SET. KRISON (Variété des n°s 4 et 5 de la planche xiv, de la Collection de la Torre). Or. mod. 4. B. C. Poids, 1 gram. 50 centig.

877. Autre tiers de dinar du même type, avec l'inscription : SIMIAIS entourée par la légende : DSN. ISV. KS. SAIMEL. Or mod. 4. B C. Poids, 1 gram. 45 centig. Ces deux dernières monnaies ont été trouvées dans la Sierra près de Ronda.

878. Fels arabe frappé à Cordoue par un Ouali de Héscham ben Abdolmalek , l'an 108 de l'hégire. Æ. 8. B. C.

879. Autre fels (3) de type varié, frappé à Cordoue l'an 110 de l'hégire (729 de J -C.). Æ. A. B. C.

880. Autre, avec légendes circulaires indiquant qu'il a été frappé à Cordoue (sans date). Æ. A. B. C.

881. Deux autres, avec une étoile dans le champ, sans date, également frappés à Cordoue. Æ. A. B. C.

882. Autre, avec la formule religieuse : *Il n'y a de Dieu qu'Allah.* —*Mohammed est l'apôtre de Dieu.* Æ. B. C. Trois exemplaires variés.

883. Trois autres, de types variés, ayant au centre : une étoile, un pentagone et un signe incertain. Æ. 5. 8. B. C.

884. Quatre fels variés , également frappés en Espagne au commencement de l'occupation arabe. Æ 4, 6, 8, 10. B. C.

CALIFES DE CORDOUE (1)

Abdorrahman Ier.
Règne de l'an 138 à 171 de l'hégire (756 à 787 de J.-C.).

885. Dirhem. Au milieu, l'inscription arabe en trois lignes : *Il n'y a de Dieu que Dieu unique, il n'a point de semblable.* Autour : *Au nom de Dieu a été frappé ce dirhem dans l'andalous* (2) *l'an 153 de l'hégire.* Rev. Dans le champ, en quatre lignes: *Dieu est unique, Dieu est éternel, il n'a pas engendré et n'a point été engendré, il n'y a rien de semblable à lui, qui est unique.* Autour en légende circulaire : *Mohammed est l'apôtre de Dieu, qui l'a envoyé avec la direction et la religion véritable, afin qu'il la fit prévaloir sur toutes les religions, quoiqu'en puissent souffrir les associants* (ceux qui reconnaissent plusieurs personnes en Dieu). AR. mod. 12. T. B C.
886. Dirhem du même type, frappé l'an 154 de l'hégire. AR. mod. 12. T B. C.
887. Dirhem semblable, frappé l'an 155 de l'hégire. AR. 12. Admirable conservation.
888. Autre dirhem, frappé l'an 162 de l'hégire. AR. mod. 11 et 12. A. B. C. 2 exemplaires.
889. Autre dirhem, frappé l'an 165 de l'hégire. AR. mod 12. T. B. C.
890. Autre dirhem, frappé l'an 166 de l'hégire. AR. mod. 11. B. C.
891. Fels incertain, avec légendes circulaires, frappé à Cordoue dans le 2e siècle. Æ. mod. 10. B. C.
892. Deux autres, types variés, également frappés à Cordoue à la même époque. Æ. 8 et 9. A. B. C.

Hescham Ier, de l'an 171 à 180 de l'hégire (787—796 de J.-C.).

893. Dirhem semblable pour le type et les formules religieuses à celui d'Abdorrahman 1er; la légende indique qu'il a été frappé dans l'Andalous l'an 173 de l'hégire. AR. mod. 12. B. C.
894. Dirhem du même type, frappé l'an 178 de l'hégire. AR. mod. 12. B. C. Date rare.
895. Dirhem semblable, frappé dans l'Andalous l'an 180 de l'hégire. AR. mod. 11. B C. Très-rare.
896. Trois monnaies incertaines, sans nom de ville ni nom de prince, de la fin du 2e siècle de l'hégire. Æ. mod. 9. A. B. C.

Al Hacam Ier, de l'an 180 à 206 de l'hégire (796 - 821 de J.-C.).

897. Dirhem du même type que les précédents, frappé dans l'Andalous l'an 190 de l'hégire. AR. mod. 12. Très belle conservation
898. Dirhem avec des variantes, frappé l'an 192 de l'hégire. AR. mod. 12. T. B. C.
899. Autre, avec deux croissants dans le champ, frappé l'an 194 de l'hégire. AR. 12. B. C.
900. Autre dirhem, frappé l'an 195 de l'hégire. AR. 12. Très-belle conservation.

---

(1) Ce fut l'an 138 de l'hégire (756 de J -C.) qu'Abdorrahman, dernier prince du sang royal des Ommiades, détacha cette province du vaste empire des Mahométans. Il s'empara de la souveraineté et se fit proclamer roi à Archidona, le 15 mars 756. Il prit le titre de Calife, d'Emir et de Miramolin, et fixant le siège de sa cour à Cordoue, cette ville devint la capitale de son empire et de toute l'Espagne.

(2) Les Arabistes ne sont pas d'accord sur la signification de ce mot, qui se trouve sur un grand nombre de monnaies des califes d'Espagne : les uns disent que les Arabes ont voulu désigner le territoire qu'ils occupaient dans toute la Péninsule, alors que d'autres croient que c'est l'Andalousie ou même Cordoue capitale de leur empire qu'ils voulaient indiquer.

901. Autre avec des variantes, frappé l'an 196 de l'hégire. AR. mod. 12.
T. B. C.
902. Autre dirhem, frappé l'an 197 de l'hégire. AR. mod. 11. B. C.
903. Autre, de l'an 199, avec un signe arabe incertain dans le champ.
AR. 11. B. C.
904. Autre, de style plus barbare, frappé l'an 200 de l'hégire. AR. mod.
11. B. C.
905. Autre, frappé l'an 201 de l'hégire, de meilleure fabrication. AR.
mod. 11. B. C.

Abdorrahman II, de l'an 206 à 238 de l'hégire
(821—852 de J.-C.).

906. Dirhem de type ordinaire, mais avec des caractères irréguliers, frappé
l'an 212 de l'hégire. AR. 11. B. C
907. Autre, de l'an 213, ayant un morceau d'argent adapté au centre pour
en compléter le poids primitif. AR. 10. M. B. C.
908. Autre dirhem frappé l'an 214, avec un signe arabe incertain dans le
champ. AR. 11. B. C.
909. Autre de l'an 219, avec un mot arabe incertain au centre de la formule
religieuse. AR. 10 B. C.
910. Autre, de style très grossier, frappé l'an 220 de l'hégire. AR. 12.
A. B. C.
911. Autre dirhem, frappé l'an 224 de l'hégire (838 de J.-C.). AR. mod.
12. A. B. C.
912. Autre dirhem, du même style, frappé l'an 225 de l'hégire. AR. 11.
B. C.
913. Autre, frappé l'an 230, avec lettre arabe au-dessous de la formule
religieuse. AR. 10. B. C.
914. Dirhem de la même année, type varié, frappé sur un flan de cuivre.
Æ. 11. B. C.
915. Autre, de l'an 231, avec lettre arabe variée au-dessous de la formule
religieuse. AR. 11. A. B. C.
916. Autre dirhem, sans la lettre arabe, frappé l'an 233 de l'hégire. AR.
mod. 12. T. B. C.
917. Autre dirhem, du même type, frappé l'an 237 de l'hégire. AR. mod.
11. A. B. C.

Mohammed Ier, de l'an 238 à 273 de l'hégire
(852—889 de J.-C.).

918. Dirhem frappé l'an 238 de l'hégire, semblable pour le type et les légendes à celui d'Abdorrahman 1er ci-dessus décrit. AR. 11. A. B. C.
919. Autre dirhem, de forme irrégulière, frappé l'an 239 de l'hégire. AR.
mod. 11. A. B. C.
920. Autre, de l'an 240, avec un mot accessoire placé au-dessous de la formule religieuse. AR. 11. B. C.
921. Autre, avec une abréviation variée, frappé l'an 241 de l'hégire. AR.
11. A. B. C.
922. Autre dirhem, type ordinaire, frappé l'an 246 de l'hégire. AR. mod.
12. B. C.
923. Autre, avec deux besants dans le champ, frappé l'an 249. AR. 12. B. C.
924. Autre dirhem, percé au milieu, frappé l'an 250 de l'hégire. AR. 11.
B. C.
925. Autre, de l'an 251, avec deux abréviations arabes séparées par la
formule religieuse. AR. 12. B. C.
926. Autre de la même année, avec un signe arabe varié. AR. mod.
12. B. C.
927. Dirhem de type varié, même signe dans le champ, frappé l'an 253.
AR. 12. B. C.

928. Autre dirhem de très-grand module et de beau style, frappé l'an 254 AR. 13. T. B. C.

929. Autre de l'an 257, avec un mot accessoire au-dessous de la formule religieuse. AR. 12. B. C.

930. Autre, avec des caractères irréguliers, frappé l'an 260 de l'hégire. AR. mod. 12. M. B. C

931. Fels de beau style, avec légendes circulaires bien entières, frappé l'an 268 de l'hégire. Æ. 8. B. C. Très-rare (1).

Abdallah Ier, de l'an 276 à 300 de l'hégire (889—912 de J.-C.).

932. Dirhem du même type que ceux décrits ci-dessus, frappé dans l'Andalous l'an 291 de l'hégire. AR. mod. 12. B. C. Très-rare.

933. Deux dirhems de la même époque, avec caractères indéchiffrables. AR. 10. A. B. C.

934. Trois monnaies incertaines, de la fin du 3e siècle de l'hégire, sans nom de ville ni nom de calife. Æ. mod. 9. A. B. C.

Abdorrahman III, de l'an 300 à 350 de l'hégire
(912—961 de J.-C.).

935. Dirhem. Au milieu, l'inscription arabe en 4 lignes : *Il n'y a de Dieu que Dieu unique, il n'a point de semblable. — Mohammed.* Autour : *Au nom de Dieu a été frappé ce dirhem dans l'Andalous l'an 321 de l'hégire.*

Rev. Dans le champ, en quatre lignes : *El Iman en nacer'l-din'illah Abdorrahman emir al moumenin.* Autour : *Mohammed est l'apôtre de Dieu qui l'a envoyé,* etc. AR. mod. 11. B. C

936 Dirhem de l'an 330, même type, avec le nom de Cásem. AR. mod. 10. B. C.

937. Autre dirhem, frappé dans l'Andalous, l'an 331 de l'hégire. AR. mod. 9. B C.

938. Autre dirhem, avec le nom de Cásem, frappé dans l'Andalous, l'an 332 de l'hégire. AR. 9. B. C.

939. Autre semblable, caractères irréguliers, frappé l'an 333 de l'hégire. AR. 10. T. B C.

940. Autre, avec le nom de Mohammed, frappé l'an 334 de l'hégire. AR. 10. B. C.

941. Petit dinar au même type, avec légendes circulaires bien entières, frappé à Zahra (2) l'an 337 de l'hégire. Or. mod. 5. Très-belle conservation. Poids, 1 gram. 50 centigr. Inédit (3).

---

(1) Une monnaie absolument semblable est décrite sous le n° 5834 du Catalogue de la Collection de D. José Garci de la Torre ; elle fait aujourd'hui partie de la Collection du roi de Danemark, qui en fit faire l'acquisition ainsi que d'un grand nombre d'autres monnaies arabes et espagnoles du moyen âge.

(2) La ville de Zahra (Cité de la fleur) était située à 5 milles de Cordoue, dans un lieu nommé aujourd'hui Córdoba la vieja (Cordoue la vieille). Elle fut construite l'an 325 de l'hégire (937 de J.-C), par ordre du calife Abdorrahman III, qui en fit un lieu de plaisance pour Zahra, une de ses esclaves favorites. Le récit qu'en ont fait divers écrivains est digne des contes arabes. Les places publiques étaient ornées de fontaines jaillissantes d'où coulaient des ruisseaux d'eau limpide qui serpentaient dans les rues pour y entretenir la fraîcheur. Les maisons étaient uniformes, surmontées de terrasses, embellies par des jardins et bosquets d'orangers ; 12.000 colonnes de granit et de divers marbres d'Egypte et d'Espagne, décoraient le palais ; les murs de sa principale salle étaient couverts d'ornements en or. Le pavillon où Zahra passait les soirées avec Abdorrahman était revêtu d'or, d'acier, incrusté de pierres précieuses, et éclairé par 100 lampes d'argent remplies d'huiles odoriférantes. On porte à 7,500,000 dinars d'or les frais de la construction de ce palais et de cette ville, dont il ne reste presque plus de vestiges et dont l'existence même pourrait être mise en doute, si les monnaies décrites ci-dessus n'en étaient un témoignage irrécusable.

(3) Un dinar du même prince, quoique sans date, n° 5836 du Catalogue de la Torre, a été acheté 300 reales vellon par M. Adrien de Longpérier, conservateur des Antiques du Musée du Louvre.

942. Dirhem de très-beau style, frappé à Zahra l'an 337. Les caractères des légendes sont enjolivés et terminés par des fleurons. AR. 11. T. B. C.

943. Autre dirhem, avec le nom de Mohammed, frappé à Zahra l'an 338. AR. 10. B. C.

944. Autre, de très-belle fabrique, frappé l'an 339 de l'hégire. AR. mod. 9. B. C.

945. Autre, frappé sur un flan de cuivre, dans l'Andalous l'an 339. Æ. 9. B. C.

946. Autre, avec le nom de Mohammed, frappé à Zahra l'an 342· AR. mod. 10. T. B. C.

947. Autre dirhem de Zahra, frappé l'an 343 de l'hégire. AR. mod. 9. M. B. C.

948. Deux autres dirhems, frappés à Zahra l'an 344 et 345 de l'hégire. AR. 10. B. C.

949. Dirhem avec le nom d'Ahmed, frappé à Zahra l'an 346 de l'hégire. AR. 10. B. C.

950. Autre, du même type, frappé à Zahrah l'an 347 de l'hégire. AR. 11. B. C.

951. Autre dirhem, frappé sur un flan de cuivre, l'an 349 de l'hégire. Æ. 10. T. B. C.

952. Deux autres dirhems, frappés à Zahra et Cordoue l'an 350 de l'hégire, d'attribution incertaine. AR. mod. 9 et 11. B. C.

Al Hacam II, de l'an 350 à 366 de l'hégire (961—976 de J.-C.).

953. Dirhem. Au milieu, l'inscription arabe en trois lignes : *Il n'y a de Dieu que Dieu unique, il n'a point de semblable.* Autour : *Au nom de Dieu a été frappé ce dirhem à Zahra l'an 351 de l'hégire.*

Rev. Dans le champ, en cinq lignes : *El Iman Al Hacam al mostancer billah émir al moumenin. Abdorrahman.* Autour, en légende circulaire, la mission du Prophète. AR. 11. B C.

954. Dirhem de la même année, frappé à Zahra, avec le nom de Yahia. AR. 10. B. C.

955. Autre, avec le nom d'Abdorrahman, frappé à Zahra l'an 354 de l'hégire. AR. 9. T. B. C.

956. Autre dirhem varié, frappé à Zahra l'an 355 de l'hégire. AR. mod. 9. B. C.

957. Autre, avec le nom d'Abdorrahman, frappé l'an 356 de l'hégire. AR. 10. B. C.

958. Autre, avec le nom de Amer, frappé à Zahra l'an 357. AR. mod. 10. B. C.

959. Dirhem du même type, frappé à Zahra l'an 360 de l'hégire. AR. 9. B. C

960. Autre, avec deux étoiles, frappé à Zahra l'an 361 de l'hégire. AR. 10. B. C.

961. Autre, du même Calife, ville et date incertaines. AR. mod. 10. A. B. C.

Héscham II, de l'an 366 à 399 de l'hégire (976—1009 de J.-C.).

962. Dirhem du même type que les précédents, frappé dans l'Andalous l'an 366 de l'hégire, avec cette variante : *El Iman Héscham émir almoumenin-al-mouvayed-billah.* — Amer. AR. 10 A. B. C.

963. Autre dirhem de très-beau style, avec inscriptions variées, frappé à Zahra l'an 375. AR. 10. T. B. C.

964. Autre, avec le nom de Amer, frappé dans l'Andalous l'an 379 de l'hégire. AR. 11. B. C.

965. Autre, avec étoile dans le champ, frappé dans l'Andalous l'an 380 de l'hégire. AR. mod. 10. B. C

966. Autre de l'an 381, type varié, avec le nom du hadjib Amer. **AR.** mod. 10. B C

967. Autre dirhem du même type, frappé l'an 383 de l'hégire. **AR.** mod. 10. **B. C.**

968. Quart de dinar sans légendes circulaires; au milieu en deux lignes : *Il n'y a de Dieu que Dieu. — Mohammed est l'apôtre de Dieu.* Rev. *El Iman Héscham el-mouvayed-billah.* Or fourré, mod. 5. B. C. Poids, 80 centig.

969. Deux dirhems du même Calife, types variés, frappés l'an 384 et 385 de l'hégire. AR. 10. B. C.

970. Deux autres, avec différents noms de Hadjib, frappés dans l'Andalous l'an 386 et 387. AR. 10. B C

971. Dirhem du même Calife, frappé à Fez en Afrique, l'an 388 de l'hégire. AR. 11. B. C.

972. Autre, avec les noms de Mohammed et Amer, frappé dans l'Andalous l'an 390. AR. 10 T. B. C.

973. Autre, avec nom varié du hadjib, frappé l'an 391 de l'hégire. AR. 10. T. B. C.

974. Dirhem de l'an 392, avec un mot inconnu au-dessous de la formule religieuse. AR. 10. T. B. C.

975. Autre, avec le nom d'Abdolmalek, frappé l'an 393 de l'hégire. AR. mod. 10. T. B. C.

976. Autre dirhem, type varié, frappé dans l'Andalous l'an 394. AR. mod. 10. B. C.

977. Deux autres, avec noms variés du hadjib, frappés l'an 395 et 396. AR. 9. B. C.

978. Autre, avec le nom de Schohaïd, frappé l'an 397 de l'hégire. AR mod 10. B. C.

979. Monnaie de Hescham II, avec légendes bien entières quoique de date incertaine. Æ. 11. B. C.

Mohammed II, de l'an 399 à 400 de l'hégire
(1009—1010 de J.-C.).

980. Dirhem. Au milieu, l'inscription arabe en quatre lignes : *Il n'y a de Dieu que Dieu unique, il n'a point de semblable. — Djehouar.* Autour : *Au nom de Dieu a été frappé ce dirhem dans l'Andalous l'an 399 de l'hégire.*
Rev. Dans le champ, en quatre lignes : *El Iman Mohammed émir al-moumenin al Mahdi billah* Autour, en légende circulaire, la mission du Prophète. AR. mod. 11. B. C. Rare.

981. Autre dirhem, avec le nom d'Ibn Moslamah, frappé l'an 400 de l'hégire. AR. 11. B. C.

982. Autre dirhem, avec nom varié, frappé dans l'Andalous l'an 400. AR. 11. T. B. C.

983. Dirhem du même Calife, frappé à Ceuta en Afrique, l'an 400. AR. mod. 11. B. C. Inédit. -

984. Autre dirhem au nom d'Ibn Moslamah, de l'an 400, avec légendes circulaires formant un carré. AR. mod. 11. B. C.

985. Très-petit dinar d'or à légendes circulaires, de la même époque, frappé à Cordoue avec le nom de Mohammed. Or. mod. 4. B. C. Très-rare et de beau style.

Hescham II, rétabli de l'an 400 à 403 de l'hégire
(1010—1013 de J.-C.).

986. Dirhem semblable à celui du même Calife précédemment décrit, avec le nom d'Abdollah au-dessous de la formule religieuse, frappé dans l'Andalous l'an 401 de l'hégire. AR. mod. 11. B. C. Rare.

Soléïman, de l'an 400 à 407 de l'hégire (1010—1016 de J.-C.).

987. Dirhem. Au milieu, l'inscription arabe en quatre lignes : *Il n'y a de Dieu que Dieu unique, il n'a point de semblable.* — *Ibn Schohéïd.* Autour : *Au nom de Dieu a été frappé ce dirhem à Zahra l'an 400 de l'hégire.*
Rev. Dans le champ, en cinq lignes : *Ouali'l-ahda — El Iman Soleiman émir al-moumenin al-mostaïn billah.* — *Mohammed.* AR. mod. 11. B. C.

988. Dirhem avec le nom d'Ibn Moslamah, frappé dans l'Andalous l'an 400. AR. 11. B. C.

989. Autre dirhem, avec un nom varié, frappé l'an 401 de l'hégire. AR. mod. 10. A B. C.

990. Autre, de type varié, frappé dans l'Andalous l'an 403 de l'hégire. AR. 10. B. C.

991. Autre, de l'an 405, avec le nom de l'héritier présomptif Mohammed. AR. 10. T. B. C.

992. Autre, de très-beau style, frappé dans l'Andalous l'an 406 de l'hégire. AR. 10. T. B. C.

993. Autre dirhem du même Calife, de forme irrégulière et de date incertaine. AR. 7. M. B. C.

ROYAUMES INDÉPENDANTS

FONDÉS EN ESPAGNE DANS LE Ve SIÈCLE DE L'HÉGIRE.

ROIS MAURES DE MALAGA.

Aly ben Hammoud, de l'an 407 à 410 de l'hégire (1016—1019 de J.-C.).

994. Dirhem. Au milieu, l'inscription arabe en trois lignes : *Il n'y a de Dieu que Dieu unique, il n'a point de semblable.* Autour : *Au nom de Dieu a été frappé ce dirhem à Ceuta, l'an 407 de l'hégire.*
Rev. Dans le champ, en cinq lignes : *Ouali'l-ahda, el Iman Aly émir al-moumenin en-naçer-'l-din-illah.* — *yahia.* Autour, la mission prophétique de Mahomet. AR. mod. 10. B. C. Très-rare.

995. Dirhem du même prince, frappé à Zahra l'an 409 de l'hégire. AR. 11. B. C.

996. Autre dirhem d'Aly ben Hammoud, frappé à Cordoue, date peu visible. Æ. 9. A. B. C.

997. Monnaie de cuivre de la même époque, avec légendes circulaires ne portant que des formules religieuses et la mission du Prophète ; sans nom de prince, sans date, ni sans nom de ville (1). Æ. mod. 10. B. C. Très-rare.

Al Cásem, de l'an 410 à 414 de l'hégire (1019—1023 de J.-C.).

998. Dirhem du même type que celui d'Aly décrit ci-dessus, frappé dans l'Andalous l'an 410 de l'hégire, avec cette variante : *El Iman Al Casem*

---

(1) La première époque du démembrement de l'empire des Maures en Espagne, eut lieu l'an 1027 de l'ere chretienne, alors que plusieurs gouverneurs, usurpant la souveraineté du pays qu'ils occupaient, érigerent des royaumes indépenlants a Saragosse. Toiede, Almeria, Valence, Séville, etc , et. C'est probablement à cette époque, que fut frappee cette curieuse monnaie au nom d'un parti politique ne reconnaissant l'autorite d'aucun de ces princes.

al-mamoun émir al-moumenin. — Ouali'l-ahda yahia. AR. mod. 11.
B. C. Rare.

Edris II, de l'an 434 à 438 de l'hégire (1043—1047 de J.-C.).

999. Dirhem. Au milieu, l'inscription arabe en trois lignes : *Il n'y a de
Dieu que Dieu unique, il n'a point de semblable.* Autour : *Au nom de
Dieu a été frappé ce dirhem à Grenade.*
   Rev. Dans le champ, en trois lignes : *El Iman Edris al-aly-billah
émir al moumenin.* Au our, la mission prophétique de Mahomet. AR.
mod. 11. B. C. Type irrégulier. Rare.
1000. Autre dirhem de type varié, flan très-mince, frappé à Ceuta. Æ. 9.
M. B C.
1001. Quart de dirhem du même prince, sans date et sans nom de ville.
AR. mod. 6. B. C.
1002. Dirhem de type varié, frappé à Grenade, sans date, attribué à
Edris Ier. AR. 10. A. B. C.

Mohammed Ibn Edris, de l'an 438 à 445 de l'hégire
(1036—1053 de J.-C.).

1003. Dirhem. Au milieu en quatre lignes : *Il n'y a de Dieu que Dieu
unique, il n'a point de semblable.—Mohammed.* Autour, en légende
abrégée : *Au nom de Dieu a été frappé ce dirhem dans l'Andalous
l'an 440 de l'hégire.*
   Rev. Dans le champ, en cinq lignes : *El Émir—El Iman Mohammed
émir al-moumenin el Mahdi billah. — Yahia.* Autour, la mission prophétique de Mahomet. Æ. mod. 10. B. C.
1004. Autre, de la même année, sans le nom de l'Émir Yahia. Æ. 10.
B. C. Rare.
1005. Dirhem avec les noms de Mohammed et de l'émir Yahia, frappé
dans l'Andalous l'an 441 de l'hégire. (Voyez le catalogue de la Collection
de la Torre, planche xv, n° 5.) Æ. mod. 10. T. B. C.
1006. Autre dirhem, de l'an 440, avec variante dans l'inscription indiquant la date. Æ. 10. B. C.
1007. Autre, frappé dans l'Andalous l'an 442 de l'hégire ; de la plus belle
conservation. Æ. 10.
1008. Autre, avec les mêmes noms, frappé l'an 443 de l'hégire. Æ. mod. 10.
T. B C.
1009. Autre, frappé l'an 444 de l'hégire, avec le nom de l'émir Al-Cásem.
Æ. 10. A. B. C.
1010. Deux autres monnaies du même type dont les dates sont incertaines.
Æ. 9. M. B. C.

Edris III, de l'an 445 à 447 de l'hégire (1053 - 1055 de J.-C.).

1011. Dirhem du même type que les précédents, frappé dans l'Andalous
l'an 445 de l'hégire, avec le nom de l'héritier présomptif Mohammed.
Æ. mod. 9. A. B. C.
1012. Deux monnaies incertaines, de la même époque, frappées à Ceuta.
Æ. 9. B. C.

ROIS MAURES DE SARAGOSSE.

Ahmed Ier, de l'an 438 à 474 de l'hégire (1047—1081 de J.-C.).

1013. Dirhem. Au milieu en trois lignes : *Il n'y a de Dieu que Dieu
unique, il n'a point de semblable.* Autour : *Au nom de Dieu a été
frappé ce dirhem à Sarcusta (Saragosse) l'an 458 de l'hégire.*
   Rev. Dans le champ, en quatre lignes : *Imado-'d-daula — . El*

Iman Héscham al-mouvayed billah.—Ahmed. Autour, la mission du Prophète. AR. (bas aloi). mod. 11. B. C. Rare.

1014. Autre dirhem, également frappé au nom d'Héscham II (1) , l'an 465 de l'hégire. Æ. 10. A. B. C.

1015. Autre dirhem de Saragosse, frappé l'an 467 de l'hégire. Æ. 10. A. B. C.

1016. Deux autres dirhems variés, également de Saragosse, dates à déchiffrer. Æ. 9. M. B. C.

Ahmed II, de l'an 478 à 503 de l'hégire (1085—1110 de J.-C.).

1017. Dirhem du même type que les précédents, frappé à Saragosse l'an 481 de l'hégire, avec cette variante : *Al-mostaïn-billah Ahmed Ibn al-motamen.*—AR. mod. 11. B. C.

1018. Dirhem du même prince, frappé à Saragosse, de date incertaine. Æ. 11. A. B. C.

1019. Autre dirhem de Saragosse, type varié, avec le nom de Soléiman (2). Æ. 8. B. C. (rogné).

ROIS MAURES DE SÉVILLE.

Mohammed III Almohtadhed, de l'an 433 à 461 de l'hégire (1042—1068 de J.-C.).

1020. Dinar. Au milieu, l'inscription arabe en quatre lignes : *Il n'y a de Dieu que Dieu unique, il n'a point de semblable. — Mohammed.* Autour : *Au nom de Dieu a été frappé ce dinar dans l'Andalous l'an 439 de l'hégire.*

Rev. Dans le champ, en cinq lignes : *El Hàdjib—El Iman Héscham émir al-moumenin el-mouvayed billah. — Abbad.* Autour, la mission prophétique de Mahomet. Or. mod. 10. T. B. C. Poids, 3 gram. 10 centig.

1021. Dirhem avec le nom d'Ismaïl, frappé dans l'Andalous l'an 440 de l'hégire. Æ. 10. B. C.

1022. Autre, de type varié, frappé dans l'Andalous l'an 451 de l'hégire. Æ. 10. T. B. C.

1023. Autre dirhem, avec le nom de Mohammed, frappé l'an 452. Æ. mod. 11. B. C.

1024. Autre dirhem varié, frappé dans l'Andalous l'an 454 de l'hégire. Æ. 10. A. B. C.

1025. Autre, avec le nom du hadjib Aly, frappé l'an 456, nom de ville indéchiffrable. Æ. 9. A. B. C. Trouvé à Séville.

1026. Autre dirhem varié de type, date incertaine. Un peu rogné. Æ. mod. 10. M. B. C.

Mohammed IV Almohtamed, de l'an 461 à 484 de l'hégire (1069—1091 de J.-C.).

1027. Quart de dinar. Au milieu en quatre lignes : *Il n'y a de Dieu que Dieu unique, il n'a point de semblable. Ibn Raschid.*

Rev. Dans le champ, en quatre lignes : *Almohtamed ala Allah—. El Iman Abdollah émir al-moumenin. Al mouvayed bi-naç.-Allah.—* Or. mod. 6. T. B. C. Poids, 1 gramme. Rare (3).

1028. Dirhem avec la formule religieuse ordinaire et le nom du hadjib Scheráhod-daoulah Haschim, frappé dans l'Andalous l'an 463 de l'hégire. Rev. Au milieu en six lignes : *Allah Almohtamed ala —. El Iman*

---

(1) Ce calife était mort 62 ans avant cette époque l'an 403 de l'hégire (1013 de J.-C.).

(2) Peut-être Soléiman Abou Ayoud ben Oud, père et prédécesseur d'Ahmed Ier, ou bien est-ce le nom du calife de Cordoue, au nom duquel elle était frappée.

(3) Celui de la Collection de la Torre, no 3999 du Catalogue, a été adjugé 81 réaux à la Bibliothèque nationale de Madrid.

Abdollah émir al moumenin. Al-mouvayed bi-naçr. Allah. Autour, la mission du Prophète. Æ. mod. 11. B. C. Rare.

1029 Autre dirhem d'Almohtamed, frappé à Ischbilia (Séville) l'an 466. Æ. mod. 11. A. B. C.

1030. Autre dirhem varié, frappé à Séville l'an 467 de l'hégire. Æ. mod. 11. M. B. C.

1031. Autre, avec le nom de Scherabod-daoulah, frappé l'an 468 de l'hégire, Æ. 11. T. B. C.

1032. Deux autres dirhems variés, frappés à Séville l'an 470 et 473. Æ. mod. 11. A. B. C.

1033. Deux autres avec différents noms de hadjibs et celui d'Almohtamed. Æ. 11. M. B. C.

ROIS MAURES DE TOLÈDE.

Yahia al Mamoun, de l'an 436 à 469 de l'hégire (1045—1076 de J.-C.).

1034. Dirhem. Au milieu en quatre lignes : *Il n'y a de Dieu que Dieu. Al Mamoun Dhoul-medjdin.* Autour, la mission du Prophète
Rev. dans le champ, en quatre lignes : *Mohammed, apôtre de Dieu. El hadjib Scherafod-Daoulah.* Autour : *Au nom de Dieu a été frappé ce dirhem à Toleïtola (Tolède) l'an 465 de l'hégire.* Billon, mod. 10. A. B. C.

1035. Autre dirhem d'Al Mamoun; légendes variées, date peu visible. Billon, mod. 10. A. B. C.

El Cader, de l'an 469 à 478 de l'hégire (1076—1085 de J.-C.).

1036. Dirhem de Tolède, avec le nom d'El Cader billah, date incertaine. Billon, mod. 10. A. M. C.

1037. Dirhem de Tolède, frappé au nom d'un autre prince dont on ne peut bien lire le nom. Æ mod. 9. M. C.

ROIS MAURES DE DÉNIA.

Aly ben Modjahid, de l'an 436 à 468 de l'hégire (1044 —1075 de J.-C.).

1038. Dirhem avec le nom d'Icbal Ed-Daoulah, frappé à Dénia l'an 446 de l'hégire. AR. mod. 10. A. B. C.

Emad Ed-Daoulah, de l'an 475 à 483 de l'hégire (1082—1090 de J.-C.).

1039. Dirhem avec le nom du hadjib Ibn Mondhir, frappé à Dénia l'an 476 de l'hégire. AR. mod. 11. Belle conservation. Très-rare (1).

Seïd Ed-Daoulah, de l'an 483 à 490 de l'hégire (1090—1097 de J.-C.).

1040. Dirhem avec le nom du hadjib Soleiman, légendes circulaires effacées. Æ 10. M. C.

1041. Autre dirhem en cuivre saussé, portant un nom de ville varié. Æ. 10. A. B. C.

---

(1) Trois de ces monnaies de Dénia, ont été trouvées près d'Alcudia dans l'île de Mayorque.

ROIS MAURES DE VALENCE.

Abd-el-Aziz al Mançour, de l'an 412 à 452 de l'hégire (1021—1060 de J.-C.).

1042. Dirhem avec double légende circulaire, frappé à Valence, de type rare et de lecture très-difficile. Æ. mod. 10. B. C.
1043. Dirhem de type ordinaire, frappé à Valence. Légendes circulaires rognées. AR. 8. M. C.

Al Mamoun Dhoul Medjdin, de l'an 457 à 469 de l'hégire (1065—1067 de J.-C.).

1044. Petit dinar irrégulier sans légende circulaire ; on lit au centre : *Al Mamoun*. Rev. *Il n'y a de Dieu que Dieu unique*. Or électrum, mod. 5. B. C.
1045. Deux autres petites monnaies, de forme irrégulière, en argent et en bronze. A. B. C.

ROIS MAURES DE BADAJOZ.

Omar El-Motavvakel, de l'an 473 à 487 de l'hégire (1080—1094 de J.-C.).

1046. Dirhem frappé à Bathalius (Badajoz), avec le nom d'El-Motawakel et celui du hadjib Mudjahib Ed-Daoulah. Æ. mod. 10. A. B. C. Trouvé à Mérida.
1047. Autre dirhem de Badajoz? avec le nom d'El-Mowaffec. Æ. mod. 10. M. B. C. Trouvé près de Beja en Portugal.
1048. Dirhem anonyme, avec formule religieuse des deux côtés. AR. mod. 10. A. B. C. Trouvé à Badajoz.

ROIS MAURES DE MAYORQUE.

1049. Dirhem au nom d'El-Mostançer-billah, frappé à Mayorque l'an 486 de l'hégire. (Inédit). AR. mod. 9. B. C. Très-rare. Trouvé près d'Alcudia en 1850.

Monnaies incertaines de la même époque.

1050. Dirhem de forme ronde, avec l'inscription arabe en quatre lignes : *El Motawakel ala Allah émir al mouslemin. Mohammed ben Yous uf Ibn Houd*. Rev. Dans le champ, en cinq lignes: *Il n'y a de Dieu qu'Allah; Mohammed est l'envoyé de Dieu ; et Abbassi Iman du peuple — Malaga*. AR. mod. 7. T. B. C. Trouvé à Mayorque.
1051. Même légende. Rev. Dans le champ, en quatre lignes : *Louange à Dieu tout puissant, Créateur de toute chose. — Buesa*. AR. mod. 7. T. B. C. Trouvé à Vidigueira près de Beja en Portugal.
1052. Autre dirhem, de forme ronde, avec cette inscription : *Alvratzek billah al motassem Ibn émir al mouslemin. — Jativa*. Rev. *Il n'y a de Dieu qu'Allah; Mohammed est l'envoye de Dieu; el Abbassi Iman du peuple*. AR. mod. 8. T. B. C. Trouvé à Mayorque. Inédite.
1053. Autre dirhem, sans nom de ville, avec cette inscription : *Alwatzek billah al Motassem Ibn émir al mouslemin Mohammed Ibn Houd*. Même revers que le précédent. AR. mod. 7. T. B. C.
1054. Dirhem carré. Au milieu, en quatre lignes : *Émir al mouslemin ben Youssuf Ibnnayer calife abbassite — Grenade*. Rev. Dans le champ, en trois lignes : *Il n'y a de Dieu qu'Allah; Mohammed est l'envoyé de Dieu. Il n'y a de vainqueur que Dieu*. AR. mod. 6. T. B. C.

1055. Autre dirhem carré, avec les noms de Mohammed ben Youssouf Ibn Houd, frappé à Murcie. AR. mod. 6. T. B. C. Trouvé à Andujar.
1056. Autre dirhem carré, de moins beau style, frappé à Seville. AR. mod . 6. B. C. Trouvé à Ecija.
1057. Dirhem de grand module, avec légendes circulaires, sans nom de prince et sans nom de lieu. Billon , mod. 10. A. B. C. Trouvé à Badajoz.
1058. Petit dinar du v⁰ siècle de l'hégire, dont les légendes circulaires sont un peu rognées. Or. mod. 5. M. B. C. Trouvé à Séville.

1059. Un coin monétaire arabe du v⁰ siècle de l'hégire, ou moule en basalte noir ressemblant à de la pierre de touche, sur lequel sont gravées en creux deux monnaies arabes ayant sur les bords des annelets et un conduit pour recevoir la bavure du jet et le métal en fusion. Ce moule est percé d'un trou qui servait probablement à en maintenir plusieurs autres semblables au moment de couler le métal. On sait qu'il existe très-peu de coins monétaires du moyen âge dans les Musées et Collections particulières ; celui-ci, qui est probablement le seul monument connu du monnayage des Arabes d'Espagne, faisait partie de la Collection de D. José Peñaloza, propriétaire-cultivateur à Manzanarez, dans la province de la Mancha, où il a été trouvé.

ÉMIRS ALMORAVIDES D'ESPAGNE ET D'AFRIQUE.

Youssuf ben Teschfin, de l'an 484 à 500 de l'hégire
(1041 – 1106 de J.-C.).

1060. Dirhem avec la formule religieuse et le nom de l'émir Youssouf ben Teschfin. AR. 5. B. C.
1061. Autre dirhem du même prince, avec légendes variées, de très-petit module. AR. 4. T. B. C.

Aly ben Youssuf, de l'an 500 à 537 de l'hégire
(1106—1142 de J.-C.).

1062. Dinar. Au milieu, en quatre lignes : *Il n'y a de Dieu que Dieu : Mohammed est l'apôtre de Dieu. Emir al-mouslemin Aly ben Youssuf.* Autour : *Celui qui professe une autre religion que l'islamisme, sera mal reçu de Dieu et sera condamné dans l'autre vie.*
Rev. *El Iman Abdollah émir al-moumenin.* Autour : *Au nom de Dieu a été frappé ce dinar à Garnata (Grenade) l'an 505 de l'hégire.* Or. mod. 11. B. C Poids, 4 grammes
1063 Autre dinar, varié de type et de légendes, frappé à Grenade l'an 515 de l'hégire. Or. mod. 11. T. B. C. Poids, 4 grammes.
1064. Petit dirhem du même prince, avec le nom de l'émir Seïr. AR. mod. 4. T. B. C.
1065. Autre petit dirhem d'Aly ben Youssuf, avec légendes variées. AR. mod. 4. T. B. C.
1066. Autre, avec le nom de l'héritier présomptif l'émir Teschfin ben Aly. AR. 3. B. C.
1067. Trois autres petits dirhems variés de type et de légendes. AR. mod. 4 et 5. B. C.
1068. Autre petit dirhem, de très-beau style, frappé à Cordoue. AR. 5. T. B. C. R re.
1069. Dinar irrégulier, avec cette légende : *Il n'y a de Dieu que Dieu unique.* Rev. *Emir al-mouslemin Aly ben Youssuf.* Or électrum, mod. 5. T. B. C.

1070. Dirhem de type varié, frappé à Grenade, avec date illisible. Æ. mod. 9. A. B. C.

Teschfin ben Aly, de l'an 537 à 539 de l'hégire (1142—1144 de J.-C.).

1071. Très-petit dirhem avec le nom de Teschfin et celui de l'héritier présomptif Ibrahim Abou Ischahak. AR. 3. B. C.

Ibrahim Abou Ischahak ben Aly, de l'an 539 à 541 de l'hégire (1144—1146 de J.-C.).

1072. Petit dirhem portant les noms d'Ischahak ben Aly émir al-mouslemin naçero-d-din. AR. mod. 4. B. C. Rare.

Monnaies incertaines des Almoravides.

1073. Trois petits dirhems anonymes, légendes variées, sans date et sans nom de lieux. AR. 4. B. C.

CALIFES ALMOHADES D'ESPAGNE ET D'AFRIQUE.

Abdelmoumen ben Aly, de l'an 524 à 558 de l'hégire (1130 —1162 de J.-C.).

1074. Petit dirhem carré (1) portant les noms d'Abou Mohammed Abdelmoumen Ibn Aly émir al-moumenin. AR. mod. 5. A. B. C. Rare.

Abou Jacub Youssuf Abdelmoumen, fils d'Aly, de l'an 558 à 580 de l'hégire (1162—1184 de J -C.).

1075. Dinar, ayant des deux côtés une inscription au centre d'un carré entouré d'une légende circulaire. Or. mod. 9. T. B. C. Poids, 2 gram. 30 centig.

Abou Hafs Omar, de l'an 640 à 665 de l'hégire (1243—1266 de J.-C.).

1076. Quart de dinar, du même type que le précédent, portant les noms d'Abou Hafs et de Jacub Youssuf. Or. mod. 6. B. C. Poids, 1 gram. 10 centig.

Monnaies incertaines des Almohades.

1077. Dirhem carré, avec le nom de Fez au-dessous de la formule religieuse. AR. 6. B. C.

1078. Autre dirhem, du même type, frappé à Sebta (Ceuta). AR. mod. 6. T. B. C. Rare.

1079. Dinarin anonyme des Almohades, avec formule religieuse au centre d'un carré. Or. 5 B. C.

1080. Dirhem carré de la même époque, avec un nom de ville très-difficile à lire. AR. 6. B. C.

1081. Autre dirhem, de très-petit module, ayant également un nom de ville peu commun. AR. 3. T. B. C.

1082. Trois autres dirhems variés, de la 1re époque des Almohades, sans nom de ville AR. 6. B. C.

1083. Trois autres, de la dernière époque, sans date et sans nom de lieu. AR. 6. B. C.

---

(1) Ce fut par ordre d'Abdelmoumen que furent frappées les premières monnaies de forme carrée.

ROIS MAURES DE GRENADE.

Aly Abou Hassan, de 870 à 887 de l'hégire
(1465—1482 de J.-C.).

1084. Fels carré, avec cette inscription : *a été frappé à Grenade l'an* 870.
Æ. mod. 6. B. C.

1085. Autre, de forme octogone, frappé à Grenade l'an 879. Æ. mod. 9.
B. C.

1086. Autre, du même type, frappé à Grenade l'an 880 de l'hégire. Æ.
6 .B. C.

1087. Deux autres, de forme variée, frappés à Grenade l'an 881. Æ. 7 et 9.
A. B. C.

Abdollah Mohammed (Boadil), de l'an 887 à 897
de l'hégire (1482—1492 de J.-C.).

1088. Fels, de forme irrégulière, frappé à Grenade l'an 893 de l'hégire. Æ.
mod. 6. B. C.

1089. Autre fels, du même prince, frappé à Grenade l'an 894. Æ. 6.
A. B. C.

1090. Autre, sans date, avec cette inscription des deux côtés : *frappé à
Grenade.* Æ. 6. B. C.

1091. Deux autres fels de Grenade, avec dates difficiles à lire. Æ. mod. 6.
A. B. C.

1092. Dinarin carré, frappé à Alméria, avec cette inscription : *Il n'y a
de vainqueur que Dieu. Almeria.* Or. mod. 2. B C.

1093. Autre dinarin, du même type, frappé à Malaga. Or. mod. 2. T. B. C.
Rare.

1094. Autre dinarin carré, frappé à Grenade (deux exemplaires). Or.
mod. 2. T B. C.

1095. Dirhem carré, avec cette inscription : *Il n'y a de Dieu que Dieu,
Mohammet est l'envoyé de Dieu.* Rev. *Il n'y a de vainqueur qu'Allah.*
—*Grenade.* AR. mod. 6. B C.

1096. Talisman en bronze, avec une inscription arabe en sept lignes, entourée d'une légende circulaire. Æ. mod. 18. Trouvé à Cordoue.

1097. Douze monnaies d'argent des Arabes d'Espagne, la plupart variées.

1098. Huit autres monnaies d'argent des Arabes d'Espagne et d'Afrique,
indéchiffrées.

1099. Vingt autres monnaies de cuivre des Arabes d'Espagne et d'Afrique.

Monnaies arabes, d'Orient et d'Afrique,
trouvées en Espagne.

1100. Fels du Calife Abdolmalek, des 1ers temps de l'hégire, représentant
un personnage de face entouré d'une inscription arabe. Rev. Type byzantin; inscription arabe. Æ. 7. B C Très-rare. Trouvé à Cadix.

1101. Fels varié, de la même époque, frappé à Damas. Type byzantin.
Æ 9. B C Trouvé à Séville.

1102. Autre, frappé l'an 80 de l'hégire par Hassan ben Nôman al gosani,
gouverneur d'Afrique, représentant un personnage de face entouré
d'une inscription arabe. Rev Colonne surmontée d'un globe, posée sur
des degrés (imitation d'Heraclius); autour, inscription arabe. Æ. 7.
T. B. C. Trouvé à Cadix.

1103. Dirhem frappé à Wasseth en Chaldée l'an 85 de l'hégire (704 de J.-C).
AR. mod. 8. B. C. Trouvé à Séville.

1104. Dirhem de très-beau style, frappé à Darabdjerd en Perse, au nom
de Soliman 1er, l'an 96 de l'hégire (715 de J.-C.). AR. 10. T. B. C.

1105. Dirhem frappé à Bagdad, au nom du calife Abdorrahman 1er, l'an 151
de l'hégire (768 de J.-C.). AR. mod. 10. B. C.

1106. Autre dirhem, frappé en Abbassie. au nom du calife Abou Giafar Almanzor, l'an 157 de l'hégire. AR. mod. 11. T. B. C.

1107. Dirhem syrien de la même époque, de fabrication très-barbare. AR. mod. 11. B. C. Trouvé à Mayorque.

1108. Fels de très-beau style, avec légendes circulaires, frappé par un émir d'Afrique dans le 2e siècle de l'hégire. Æ. mod. 7. B. C.

1109. Trois autres fels variés des emirs d'Afrique de la même époque. Æ. B. C.

1110. Deux monnaies arabes en verre, variées de types, émises en Egypte dans le 2e siècle de l'hégire. mod. 11 et 16. B. C.

1111. Trois autres monnaies en verre, de la même époque, de plus petite dimension. mod. 4 et 6. M. B. C.

1112 Quatre monnaies variées des émirs d'Afrique, frappées dans le 3e siècle de l'hégire. Æ. A. B. C.

1113. Dinar d'or, avec légendes circulaires, frappé l'an 352 de l'hégire au nom de l'émir Moadd. Or. mod. 8. T. B. C. Poids, 3 gram. 90 centig. Trouvé à Santarem.

1114. Dirhem, avec le nom de Nuh ben Mansour, frappé à Bohkara l'an 374 de l'hégire (984 de J.-C.). Æ. 11. T. B. C. Trouvé à Palma de Mayorque.

1115. Dirhem frappé à Mansouriah avec le nom du calife Fatimite El-Aziz (365-386 de l'hégire). AR. 8. B. C.

1116. Quart de dinar d'Abou Hassan Aly Ed Dhaher (411-427 de l'hégire). Or. mod. 5. B. C. Poids, 90 centig.

1117. Autre quart de dinar, de Moad Abou Temin Al Mostancer billah (427-487 de l'hégire). Or. mod. 5. M. B. C. Poids, 1 gramme. Trouvé à Barcelone.

1118. Autre, du même calife, frappé à Mansouriah l'an 434 de l'hégire. Or, mod. 6. A. B. C. Poids, 1 gramme.

1119. Dirhem frappé à Mansouriah avec le nom d'El Hacam Biamzallah. AR. 7. A. B. C.

1120. Trois autres dirhems variés, de la dynastie des Fatimites, à déchiffrer. AR. mod. 7 et 8. B. C.

1121. Petit dinar des émirs d'Afrique, frappé dans le 5e siècle de l'hégire. Or, mod. 5 A. B. C. Trouvé à Cadix.

1122. Fels avec le nom d'El Malek Edh Dhaber, frappé à Alep, l'an 610 de l'hégire. Æ 10. B. C.

1123. Quart de dinar, frappé à Ceuta, avec le nom d'Abdallah El Aziz Al Hacam. Or, mod. 7. T. B. C. Poids, 1 gram. 10 centig.

1124. Monnaie du Sultan Ortokide Koth ed din aïl Rhazi (572-580 de l'hégire). Tête nue dans un carré en oure d'une inscription arabe. Rev. Inscription arabe en 5 lignes Æ. mod. 13. B. C.

1125. Autre, du Sultan Ortokide Husan ed din Youlouk Arslan (580-597 de l'hégire). Groupe de 4 personnages, représentant la mort de Saladin. Rev. Inscription arabe. Æ. 14 B. C. Rare.

1126. Autre, du Sultan Naser ed din Ortok Arslan (597-653 de l'hégire). Tête de face entourée d'une legende circulaire. Rev. Inscription arabe. Æ. 9. A. B. C

1127. Autre, de Kobt ed din Atabek de l'Irak, de l'an 590 de l'hégire. Marsden, cxcv Æ. 9. A B. C.

1128. Autre, de Bedr ed din Loulou, de l'an 631, avec les noms des sultans Malek et Kamel el Malek el Aschraf. Æ. 10. B. C.

1129. Autre, de Malek el Kamel, prince Ayoubite d'Egypte (623-635 de l'hégire). Æ. 7. A. B. C. Marsden, no CCXLV. Deux exemplaires.

1130. Autre, d'Abdol-hak schérif du Maroc, frappé à Fez l'an 860 de l'hégire. Æ. 4. B. C.

1131. Autre fels du même schérif, frappé à Fez l'an 870 de l'hégire. Æ. mod. 5. B. C.

1132. Trois fels variés, des schérifs du Maroc, frappés dans le ixe siècle de l'hégire. Æ. 5. M. B. C.

1133. Petite monnaie de cuivre du sultan turc Soleiman II. Æ. mod. 4. T. B. C. Rare.

1134. Deux fels variés, du dixième siècle de l'hégire, frappés à Fez. Æ. mod. 4 et 6 B. C.

1135. Dirhem, avec le nom d'Al Motawakel ala allah, trouvé à Evora. AR. mod. 4. B. C.

1136. Deux essais en étain d'une monnaie arabe du Maroc, frappés à Madrid en 1786, avec le nom de cette ville en caractères arabes. PL. mod. 7 et 11. T. B. C.

1137. Dirhem du Maroc, frappé l'an 1257 de l'hégire. AR. mod. 7. B. C.

1138. Deux anciennes monnaies des schérifs du Maroc, frappées à Tétouan. Æ. 9. B. C.

1139. Trois autres, frappées à Maroc en 1212, 1240, 1264 de l'hégire. Æ. 8, 10, 12. B. C.

1140. Dirhem carré, du sultan Ahmed Ier, frappé à Tunis (1012-1026 de l'hégire.) AR. 6. B. C.

1141. Monnaie du sultan Mousthafa II, frappée à Andrinople l'an 1109 de l'hégire. Æ. 17. B. C.

1142. Grande monnaie d'argent d'Ahmed III, frappée à Constantinople l'an 1115. AR. mod. 15. T. B. C.

1143. Deux autres variées, frappées à Constantinople l'an 1143 de l'hégire Billon. mod. 8, 17. B C.

1144. Monnaie d'argent du sultan Mahmoud Ier, frappée à Tunis l'an 1153. AR. 8. B. C.

1145. Deux autres, du sultan Osman III, frappées à Constantinople l'an 1171. AR. 4. B.C.

1146. Deux autres, du sultan Mousthafa III, frappées à Tunis l'an 1173 et 77. Æ. 9 B. C.

1147. Quatre autres, également frappées à Tunis, années variées. Æ. 9. B. C.

1148. Grande monnaie d'argent, à bas titre, du sultan Abdoulhamid, frappée à Constantinople l'an 1187 de l'hégire. Billon. mod. 17. B. C.

1149. Trois autres monnaies variées, du sultan Abdoulhamid, frappées à Tunis. Æ. mod. 8, 9. 16. B. C.

1150. *Asmi Achmet effendi.* Buste d'Achmet à gauche. Rev. *zum denhmal des türkischen gesandten zu Berlin im februar* 1791. Æ. mod. 13. T B. C.

1151. Autre médaille à effigie, avec le nom de Djelal ed din Mohammed Akbar, sultan mogol de l'Indoustan en 992 de l'hégire. PL. mod. 20. B. C.

1152. Autre, de Schoudja ed Daoulah, vizir du royaume d'Aoude, frappée à l'occasion de sa victoire sur les Afghans l'an 1188 de l'hégire (1774). PL. mod. 20 B. C.

1153. Médaille avec une inscription arabe, frappée pour l'abolition de la traite par l'Angleterre en 1807, destinée à être repandue en Afrique. Æ. mod. 16. B. C.

1154. Monnaie de Schahin Gueraï, frappée l'an 1191 à Baghtché-Séraï en Crimée. Æ. 12. B. C.

1155. Autre, du sultan Sélim III, frappée à Alger l'an 1204 de l'hégire AR. mod. 7. B. C.

1156. Trois monnaies d'argent de Sélim III, frappées à Alger l'an 1207 ; à Constantinople l'an 1217 ; à Tunis l'an 1218. AR. mod. 6. 8. 15. B. C.

1157. Deux autres, de l'an 1222 de l'hegire, frappées à Tunis et à Alger. AR. mod. 6 et 11. T. B. C.

1158. Trois monnaies d'argent du sultan Mahmoud II, frappées à Tripoli d'Afrique l'an 1224 ; à Constantinople l'an 1223; à Alger l'au 1225 de l'hégire. AR. mod. 5, 14, 15. T. B. C.

1159. Cinq autres frappées à Alger, à Tunis, à Tripoli, à Constantinople et au Caire. AR. mod. 9, 13, 18. B. C.

1160. Cinq monnaies d'argent du sultan Abd-ul-Medjid, frappées à Constantinople et au Caire. T. B. C.

1161. Deux autres, dont une frappée au nom de Méhémet Aly, pacha d'E gypte, et l'autre d'Ahmed, dernier bey de Constantine. Æ. mod. 7 et 9. T. B. C. Rare.

1162. Monnaie d'argent, de l'émir Abd-el-Kader, frappée à Tagdempt (1) l'an 1256 de l'hégire (1840 de J.-C.). AR. mod. 10. B. C. Très-rare.

1163. Autre monnaie de cuivre (fels) d'Abd-el-Kader, frappée à Tagdempt l'an 1250 de l'hégire (1834 de J.-C.), avec le titre d'émir d'Afrique, fils de Mahi ed din. Æ. mod. 6. B. C.

Talismans et Pierres gravées arabes (2).

1164. Inscription arabe en trois lignes gravée en creux sur jade vert. mod. 7. Trouvé à Cordoue.

1165. Inscription arabe en deux lignes, gravée en creux sur cornaline orientale. mod. 5. Tr. à Cordoue.

1166. Inscription arabe en une seule ligne gravée en creux sur cornaline. mod. 7. Tr. à Malaga.

1167. Un chaton de bague en bronze avec le chiffre du sultan gravé en creux. Æ. 5. Trouvé à Cadix.

1168. Inscription arabe en lettres d'or sur jaspe noir. mod. 3. Trouvée à Séville.

1169. Inscription persane gravée en deux lignes sur cornaline. mod. 5. Trouvée à Cadix.

1170. Inscription indienne en deux lignes gravée sur agate. mod. 11. Trouvée à Lisbonne.

1171. Trois autres pierres gravées avec inscriptions en langue orientale.

1172. Ensayo sobre los alphabetos de las letras desconocidas, que se encuentran en las mas antiguas medallas y monumentos de España, par D. Luis Joseph Velazquez. Madrid, 1752. 1 vol. in-4. 20 planches de médailles et alphabets.

1173. Description des monnaies espagnoles et des monnaies étrangères qui ont eu cours en Espagne, depuis les temps les plus reculés jusqu'à nos jours, composant le cabinet monétaire de D José Garcia de la Torre, par Joseph Gaillard. Madrid, 1852. 1 vol. in-8º, avec 92 planches de médailles. On y a ajouté les prix qu'ont été vendues chacune de ces monnaies en vente publique.

1174. Historia de la ciudad de Cadiz, compuesta por Agustin de Horosco, avec un appendice intitulé : Medallas antiguas gaditanas. Voir la note 2 de la page 8 du présent catalogue. 1 vol. in-8º avec 5 planches de médailles.

1175. Études sur l'alphabet ibérien et sur quelques monnaies autonomes d'Espagne, par P. A. Boudard. Béziers, 1852, in-8º, 10 planches.

---

(1) Cette ville, située dans les possessions françaises du nord de l'Afrique, était devenue le dernier refuge de l'émir Abd-el-Kader qui, chassé successivement de Mascara et de Tlemcen, en avait fait le siége de sa puissance. Elle fut prise et détruite par les Français le 25 mai 1841. D'après le docteur Baudens, chirurgien en chef de l'expédition militaire on trouva dans la Casauba ou palais de l'émir, avec les coins et outils monétaires, quelques monnaies récemment frappées qui devaient être semblables à celles-ci.

(2) Ces pierres, de petite dimension, peuvent être montées en bague ainsi qu'elles l'étaient primitivement.

FIN.

PARIS. — IMPRIMERIE DE J. CLAYE, RUE SAINT-BENOIT, 7.

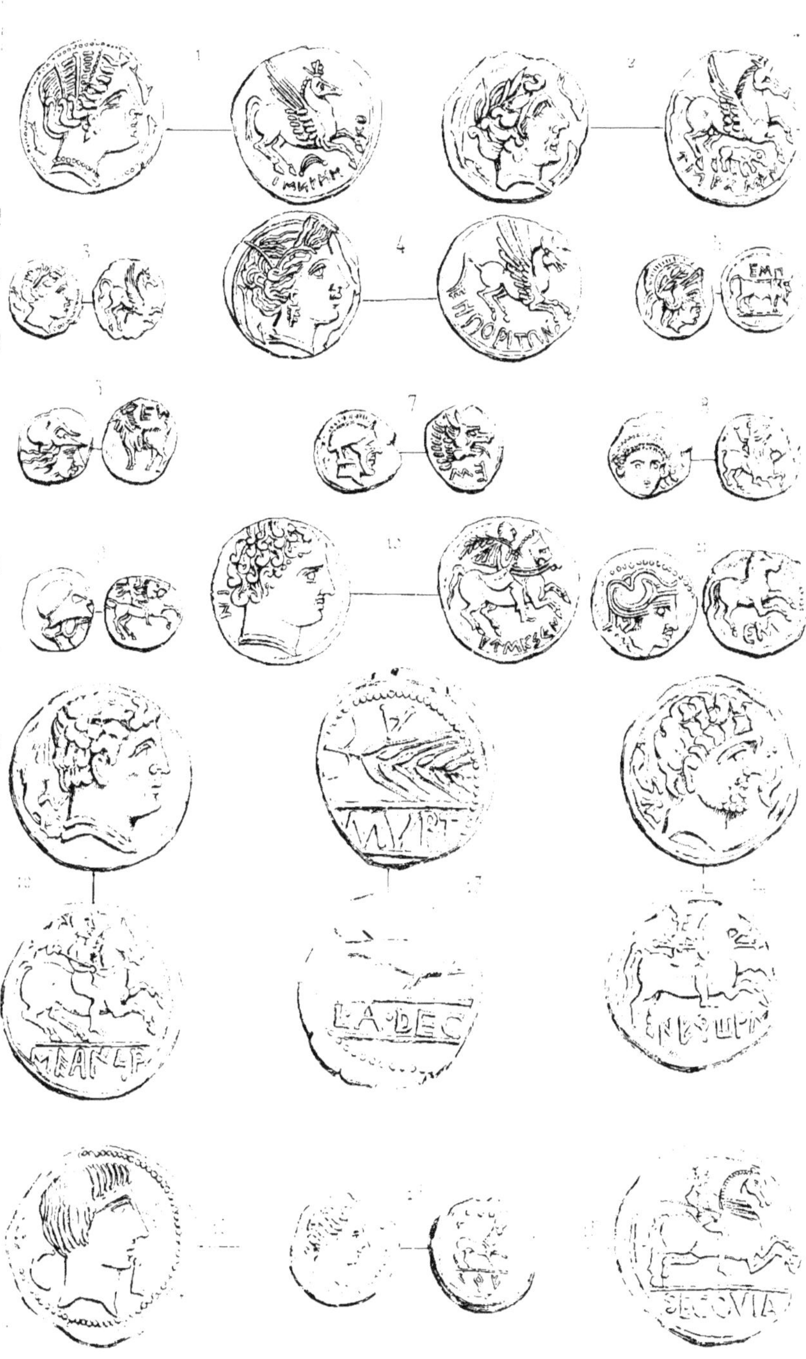

N.os ...ndes.	N.os Légendes.	N.os Légendes.
78. ┼.	206. ΛMоЛ.	229. ΓNΤHΦMΣM.
79. ℞ Ħ.	207. ℞OMΛ	230. MΨΝΓΓᗡ.
80. 2X.	208. ℞OMΛ.	231. ΡΦΡΨᏞΨ.
81. \.	209. ℞OMᗐ.	232. ΘᎤΛΣΨ.
82.	210. ℞OMΛ.	233. ᗡNᏞM⟨N.
83. ⟨N.	211. ℞OMΛ.	234. XГᏔMN﬩.
84. ΣM.	212. ⵏ.	235. XHNᵥᗡᎢ. / XᎢ﬩
85. ⊠Ϩ.	213. H. ℞ HNΓᎢ. ᛉ ᏞX	236. ΠᏟᏝᴧ.
86. ᏞΡϨΟΡ.	214. ᏞᎢMᛃ ᛉ Ꮮ.	237. ᗡAᎷΓ.
87.	215. ΛΡNᏞM⟨N.	238. ᏞΡΙΕ'Λ.
88. ᴺᏚΡ.	216. ΓᗡNᏞM⟨N.	239. NᏞᗪHᴧ.
88bis. AΓ.	217. ℞Ꭴ⟨ΛᎤᏙ.	240. ᏕᏞNAS.
89. ΨMΣM.	218. ΓΡᴧS. ℞ MΓΣΨΡ﬩.	241. IᏞNKOVE.
90. ᏞᏕ	219. XI. ℞ XINNᎤ.	242. MESSANIΟN.
91. ΣᛃN.	220. ΤMᎩNᎤΓX.	243. ᑫ. 244. ᓿ᛭
92.	221. A⟨INIΓO.	245. ⟨ᛃ⟩ 246. ᴗᴗ
93. ᗡNHM.	222. ⟨. ℞ ᏞMH.	247. ᒋ 248. ᒻ
94. M.	223. ᎧᎢᎳᏋᏃ.	249. ᒋ 250. ᒻ
95. ᏞᗡNXM.	224. NᏚᴧᗪH.	251. ᑫ. 252. ᕁᎧ
96. ᴧᗪ.	225. NΓᴧᏟIH.	253. ᒻᎧᏒ 254. ᕁ
97. ᴧᏞ.	226. NNΤMNᗡ.	255. ᒐᎧᏃᎧ.
98. ᴧ.	227. ·ΤNᎤHΤ.	256. ᎷXᎳ
99.	228. XNΤHNΓ.	257. ᑫ 258. ᎧᏔᏔ
		259. ᏕᎳᏕᏕᎷᏀᏔᎳᏔᏚ.

TABLEAU DES INSCRIPTIONS CELTIBÉRIENNES TURDÉTANES ET PHÉNICIENNES, QUI SE TROUVENT SUR LES MONNAIES ANTIQUES

RECUEILLIES EN ESPAGNE ET EN PORTUGAL, PAR M. JOSEPH GAILLARD, PENDANT LES ANNÉES 1850, 1851, 1852 ET 1853.

N°s	Légendes	N°s	Légendes	N°s	Légendes	N°s	Légendes	N°s	Légendes	N°s	Légendes	N°s	Légendes	N°s	Légendes	N°s	Légendes	N°s	Légendes	N°s	Légendes
1	↑ΛΡΨΨ↑S	21	(To)	41	↦O↤	61	VLIA.	81	XΛΓΓΧ	101	ΓΓΓΓΝS	121	↑ΝΨΥ‹S.	141	ΝΕΘΨΓΜ	161	SECOBRIS.	181	ΓΓ92Γ	201	ΛΜoΛ	221	ΓΝ↑ΘΘΜΧΝ.
2	↑Μ↦	22	9973	42	↦OↄΜ.	62	IΩΜΘΜΕS.	82	LORII.	102	ΡOCΛO.	122	MVNKI.	142	ΓΜΨΘΨΓΜ.	162	SEGOBRIGA.	182	ΓↃΗ ·Η.	202	ΓoΜΛ	222	ΜΡΗΓΓΓ.
3	ΕOΓΓΡΕΜ	23	Γ(o)	43	↦ΛↂΓ.	63	VENTIPO.	83	ΓΓ‹S.	103	ΡOΓΣOΓΧ.	123	EMPOR.	143	ΛΓΜΣΗΨ.	163	↕Γ m-- HΓ.	183	ΧΛΓ92Χ	203	ΓoΜΛ.	223	ΡOΡΨΕΓΗ.
4	ΜΕↄ͘Δ	24	9973.	44	ΛΓΙΓΛ.	64	2OΓΚ.	84	OↃΛΛ͘Ν ΓΓ	104	ΡOΓΣOↂΓ.	124	ΧΓↄ↦ΧΓ.	144	RΓ Γ͘ Ο	164	ΨOΛΓΓΛ.	184	ΓↃΓΓΛ	204	ΓoΜΛ.	224	ΘΨΛΣΓΗ.
5	ΡOΓΓↄΕΜ	25	ΓΛΓOΜΧΓΓ	45	ΛΓΗΙΛ.	65	ΨΛΛↄΓ.	85	ΓΓ ↥	105	↦OↄΓΧΟ.	125	ΧΓΜΛΓ.	145	ΟOↄↃ↑.	165	↥ΛↄΓ.	185	↦↑Χ.	205	ΓoΜΛ.	225	ΧΓ↑ΜΓ‹.
6	797‹	26	ΓΛↄOↄΓΓ	46	Γↄ↑↦↦.	66	Γoↄ.	86	ΛΓΓΣOΓΣΜ	106	Γↄ‹Χↄ.	126	ΧΓΜΛΓ.	146	↑ΓΓↂↂΘ.	166	ΓΙ↑ↂΓ.	186	↦ΟΓΓΣΜ.	206	ΓoΜΛ.	226	ΧΗↄΓΓↆ
7	↥OↃ↥O	27	ILIΓLA.	47	↑ΩↄΓΛ↦.	67	ΓΛↄↄ.	87	ΛΓΓΛↄΓΛΓ͘ΛΓΓΛ	107	ΓↄↄΣΓ.	127	ΧΓΜΛΓ.	147	ΘΙ↕↕Χↄ.	167	SEGOVIA.	187	ΓↃΓↄΣΜ.	207	ΓↃ.	227	ΓↄΛↄↄ.
8	↕ΓΓΛΓΓ	28	ILVRCOↄΓ.	48	↑ΓΓΓΓ.	68	Γↄↄ↦↦ↄΓ.	88	Λ↑ΘΙΣΓΓ	108	↦ΧS.	128	ΓↄΡ͘Λ.	148	ΓOↄΡS(coↄ↦Γ͘	168	Ρↄ↕Ρↆↄ.	188	ΛↆↄↄΓↃOↄ.	208	↦ · HↆΓↄΓ	228	ΡΛↄΓΓ.
9	↕ΛↃ͘↦	29	IRIPPO	49	ΨↄΓΨ.	69	↥ΛↄΓ.	89	ΣΓOↄΣΨ.	109	ΡΛΓΡΗ‹.	129	ΓΓↄ‹Γ.	149	↕↕ΓΡↄΓ.	169	447947.	189	‹Θↆ.	209	↑Γ͘ΓΓΓΘↄ.	229	ΛΓↄΓΗↄ.
10	↦Λ↦Θↄↄ	30	IRↄↄↄO	50	ΙΜOↄΓↆↆ.	70	ΓΨ↥ΛΓΓ.	90	ΣↄΘↆΓↄ	110	‹Λↆↄ.	130	↦ↄↆↆΘↄ.	150	↦ΓↄↄↆΧ.	170	ΛΘΓↄ Λ Λↄ.	190	ΓↄΛↄↄOↄ.	230	ΓↆΗΛ‹.
11	Λ↦Θↄↆ	31	ORↄΓↄ‹.	51	↑ΓΓΨΓΗ.	71	ΣↄΘↆↄↄ	91	‹ↆↆↄ͘↦↦ Χ	111	ↄΛΨ.	131	Μ↦‹.	151	SↆΘↄↄ‹(Γ.	191	Γↄↄ Γ ΓΓ‹↥ΓΓΘΓΧ↦	231	↕ↄↄΚΘↄↆ.
12	↦Γↄ↥ ↦Γ	32	Χ Ψ↓Χ.	52	OSET.	72	↦Θↆↄↄ↦↦	92	ↆↄ↥‹.	112	Γ↕ΧΓↄ ͘΄΄͘͘ Ηↄ	132	ΓΧΓↄ.	152	↑Λↄↆ↦Γ.	192	ΧΛ Γ XↄΓↄO.	232	ΓↆↄↆΛↄↄOↄ.
13	Σ↦ↄ‹Γ↓	33	ΧΙↆΧ.	53	OSET OSↄ↦.	73	↑9ↆↄ ↑	93	ΘΨↆΣΨ.	113	ΜΡↄↄΨ.	153	ΣↄΟΙΣ↦.	193	↑ΜↆↄOↄΧ.
14	↕Λↆ(Γↄ	34	ΛΛↄ͘Θↄↆↄ↦ΧΜ	54	OSET.	74	↥Θ↥.	94	Λ ↦ ↦ ΜΕ.	143	ΣↄΡↄΣΓ.	194	ΛↄↄↄↄↄΟ.
15	↕Γↄ‹↦	35	ΓↄↆΛↄↄ.	55	OSTVↄ.	75	↥OↆΜↄↄ.	95	ΓΙOVↄↄOↄ.	134	Μↄↄↄ↦.	154	Ηↄ-O.	195	ΛΓↄↆΣↆ.
16	↦Oↄↆ	36	Λ↦ΓↄↄↄΛΛↄΛΛ	56	OSTVↄ.	76	ΨↆↄΧ.	96	Χↆↄↄↄ‹↦Χ‹.	135	Μↄↆↄↆↄ	155	ΛↄΓↄↄS↦.	196	↥ΓΨↆↄ.
17	↕↕↥Γↄ	37	Γↆↆↄↄↄ	57	↦Ιↄↆ‹Οↄ↓Χ.	77	ΓΓ ↦‹	97	↑ΜↄↆΗↆↄ‹.	136	ΜↆↄↄↄΡↆ.	156	ΛΟↄↄↄↆↄↄ.	197	ΛΟΙΜ͘ↄΟ.
18	ΧↄΓↆ	38	ΛↆↆΛↄ↦.	58	ΓↆↄↆOↄↆ.	78	ΨↆↄΧ.	98	↑ΜↄΧΜↆ.	137	ΜↄↄↄↄSↄ.
19	9035	39	ΦΛↄΟↄↄ.	59	↑Γↄ-9.	79	ΡↆΡΗↆΜ.	99	ΛↄↄΜΛΧ.	138	ΜↆↄↄↄSↄ.
20	9973↑	40	ΨↆↄↆΣΜ.	60	O↕Χↄ.	80	↦ↆΡↄↄ.	100	Σ↦ↄ.

(Cette table comporte un grand nombre de légendes en caractères épigraphiques anciens, dont la lecture au-delà de ce point reste incertaine.)

9 782329 697345